한국 도시 2026

한국 도시 2026

소음 속에서 정보를 걸러 내는 해   김시덕 지음

열린책들

들어가며

오늘날 1년 동안 일어나는 변화는 전근대의 100년에 맞먹을 정도로 거대하고 예측 불가능합니다.

2024년 1월에 『한국 도시의 미래』를 출판하고 난 뒤에도 거대한 변화들이 있었습니다. 세계 대통령이라 할 미국의 대통령 자리에 트럼프가 두 번째로 취임하면서 2차대전 뒤의 세계 질서가 뒤집어졌습니다. 한국에서는 계엄 선포에 탄핵이 잇따르면서 대통령 선거가 앞당겨졌죠. 이런 변화들은 한국 도시들의 상황을 파악하고 미래를 예측하는 데 절대적인 영향을 미칩니다.

트럼프 미국 대통령과 푸틴 대통령이 2025년 8월 15일에 미국 알래스카에서 회담을 가지기 직전, 한국의 주식 시장에서는 방위산업 관련 주가 하락했습니다. 이 회담을 통해 금방이라도 러시아-우크라이나 전쟁이 끝날 것처럼 언론이 호들갑을 떨었기 때문이죠. 하지만 조금이라도 국제 정세를 파악하고 있는 사람이라면, 이 전쟁이 이런 회담을 통해서는 절대 끝나지 않을 것임을 쉽게 알 수 있고, 따라서 지금은 방산주를 매도할 때가 아니라 매수할 때라고 판단할 수 있습니다.

실제로 전쟁은, 그리고 주식 시장의 상황은 그렇게 흘러갔습니다. 한국의 방위산업은 쇠락하기는커녕 점점 성장하고 있습니다. 이에 따라 방위산업의 메카인 동남권 메가시티는 일부 언론이나 정치인들이 호들갑 떠는 것과는 대조적으로, 앞으로도 한국의 산업 벨트로서 각종 국내외적 변화에 맞서 견실하게 버틸 것이 예상됩니다.

또, 계엄 - 탄핵 - 조기 대선의 결과 더불어민주당 측의 후보가 대통령이 되었습니다. 민주당 측이 정권을 잡으면 대체로 신도시 개발이 억제되는 한편, 북한(조선민주주의인민공화국) 및 중국(중화인민공화국)과의 관계 개선이 시도되는 중에 한국의 북쪽과 서쪽 지역에 대한 개발 붐이 일어납니다. 한국 사회 특히 언론에서는 이런 변화가 마치 새로이 질서가 찾아온 것인 양 호들갑을 떨고 있습니다.

하지만 이제 우리는 1980년대 말부터 되풀이된 여러 차례의 사이클을 알고 있어서, 이번의 정치적 변화가 어떤 결말을 맞이하게 될지 예측할 수 있습니다. 지난 80년간 대서울권 북부 및 서해안 지역의 성장을 억제해 온 국제 정세는 앞으로도 한동안 이어질 것입니다. 반도체 벨트라 부를 수 있는, 저는 확장 강남이라 부르는 대서울권의 동남쪽 방향만이 성장 축으로 견실하게 기능할 것입니다.

2025년과 2026년 사이에 일어날 가장 큰 정치적 이벤트는, 국제적으로는 여전히 예측 불가능한 트럼프 2기의 정책입니다. 트럼프 대통령의 일방주의에 맞서 중국·러시아·인도 등이 결속을 다지면서, 2차대전 이후의 세계 질서가 근본적으로 바뀌려 하고 있습니다. 이 변화가 왜 일어나고 어떻게 흘러갈지를 예측할 수 있어야, 한국이라는 국가 그리고 나라는 개인의 미래를 설계할 수 있습니다.

국내적으로는 2026년 6월의 지방 선거가 중요합니다. 제2차 공공기관 이전, 해양수산부를 시작으로 한 각종 정부 부처의 이동, 이에 맞서는 행정수도 세종시의 건설 등, 한국 도시의 미래 구조를 바꿀 수많은 주장과 결정들이 2026년 지방 선거를 앞두고 나오고 있습니다.

이번 책 『한국 도시 2026』을 시작으로 해마다 '한국 도시' 시리즈가 출판됩니다. 이 시리즈가 한국 도시의 현황과 미래에 대한 여러분의 지식을 업데이트해 드릴 수 있으리라 확신합니다.

이 책은 크게 1부와 2부로 이루어져 있습니다. 1부에서는 인구·산업·교통 등의 분야별로 전국적인 동향을 살펴보고, 2부에서는 3대 메가시티와 6대 소권별 사안을 체크합니다. 따라서 관심 있는 지역에 대해 먼저 확인하고 싶은 분들은 2부를 먼저 보셔도 좋겠습니다. '지명 찾아보기'에서 관심 있는 지역을 확인하는 방법도 권해 드립니다.

『한국 도시의 미래』가 단발성으로 끝나지 않고 이렇게 시리즈로 나올 수 있게 해준 열린책들 관계자분들, 이 책에 등장하는 지역들에 대한 정보를 제공해 주시고 함께 답사해 주신 분들, 그리고 언제나처럼 아내 장누리와 딸 김단비에게 감사드립니다.

2025년 11월
경기도 고양시, 일산신도시의 끄트머리에서
김시덕

차례

| **들어가며**   5

1부

1. 2025 대선과 2026 지선 사이   15

총선과 대선이 끝나자 드러난 진실들 | GTX·CTX의 미래는? | 교통망 지하화는 어느 정도나 가능할까? | 각자도생의 한국 사회 | 지자체들 간의 갈등에 휘둘리는 국가의 미래 | KTX 세종역은 만들어지기 어렵다 | 행정수도 세종은 완성될 수 있을까? | 행정수도는 왜 만들어졌나? | 세종은 영원한 정치테마주

2. 국제 정세·기후 변화   49

국제 정세와 도시, 경제 | 권위주의 정권들의 유착 | 러시아-우크라이나 전쟁과 한국 | "지금은 한반도의 평화 통일을 생각하기에 가장 안 좋은 시기" | 중국 자본에 휘둘리는 한국 | 기후 변화·기상 이변

3. 인구·산업   77

교외 택지 개발이 지방 소멸을 부른다 | 난개발, 반도체, 초고층 빌딩 | 다인종 국가 한국 | 전력·물 부족이 초래하는 산업 위기 | 인구 감소에 대한 새로운 접근

4. 교통　　　　　　　　　　　　　　　　111

지하화와 연약 지반·싱크홀 | 좌초되는 교통망 건설 계획들 | 새로운 간선 철도들의 등장 | 트램 붐은 실체가 있나? | 공항과 항구

2부

5. 대서울권　　　　　　　　　　　　　　153

서울 강남 | 1기 신도시 재건축 | 3기 신도시와 135만 호 건설 | 위례신사선·위례과천선 | 경기 서남부의 교통과 연약 지반 | 미래 한국의 먹거리를 만들어 낼 삼각형

6. 동남권　　　　　　　　　　　　　　　185

가덕도 신공항의 행방 | 부산과 주변 도시들의 긴장 관계 | 풍산 공장 이전 논란이 보여 주는 지역 내 갈등 구도 | 동남권 방위 벨트의 현황

7. 중부권　　　　　　　　　　　　　　　217

반도체·생명과학으로 연결되는 중부권 | 중부권의 인구와 산업 | 중부권 교통망의 미래

8. 대구·구미·김천 소권　　　　　　　　235

교통 이슈 | 대구·경북 통합 논의

9. 동부 내륙 소권　　　　　　　　　　247

원주와 춘천 | 충주와 제천

10. 동해안 소권　　　　　　　　　　　253

소권의 악재와 호재

11. 전북 서부 소권　　　　　　　　　　259

잼버리 이후의 새만금 | 소권의 갈등 구도와 행정 통합 논의 |
아파트와 바꾼 집

12. 전남 서부 소권　　　　　　　　　　273

교통 이슈 | 광주의 복합 쇼핑몰과 재건축 이슈 |
목포·무안·신안·영암

13. 제주 소권　　　　　　　　　　　　287

제2공항과 제주도의 균형 발전 | 동남권·제주 소권에 걸쳐 있는
고흥군

참고 자료　　　　　　　　　　　　　295
지명 찾아보기　　　　　　　　　　　339

1부

2024년의 총선과 2025년의 대선,
그리고 2026년의 지선.

한국 도시는 정치적 이벤트와 국제 정세, 기후 변화의
영향을 받으며 빠르게 바뀌고 있습니다.

인구·산업·교통에 주목하여 2026년 한국 도시를
예측합니다.

1
2025 대선과 2026 지선 사이

총선과 대선이 끝나자 드러난 진실들

2024년 4월의 국회의원 선거 당시, 경기 김포·고양을 서울에 편입하겠다느니 GTX·충청권 광역급행철도(CTX)를 신설·연장하겠다느니 하는 온갖 공약이 나왔습니다. 금방이라도 행정 편입이 이루어질 것처럼 사람들은 말했죠. 또 GTX는 금방이라도 강원도·충청남도[1]까지 연장될 것 같았고 A, B, C, D, E, F, G, H…… 하는 식으로 알파벳 노래를 여기저기서 불렀습니다.[2] 또 전국 대도시의 철도와 강변 도로들 역시 금방이라도 지하화될 것만 같았죠.

하지만 선거가 끝나고 나자 비로소 진실을 전하는 기사들이 흘러나왔습니다.

예를 들어, GTX-C의 개통 예정일이 총선 당시 발표했던 것보다 많이 늦어질 것 같다는 보도죠. GTX-C는 2025년 대선이 끝난 뒤에도 아직 착공하지 못한 상태입니다. 또한 착공 뒤의

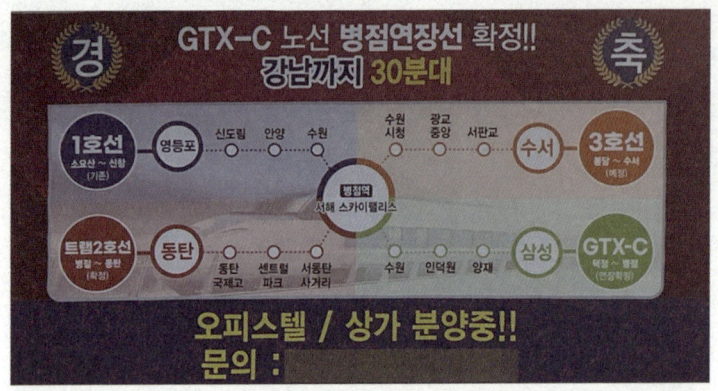

경기 화성시 병점에 내걸린 분양 홍보물. GTX-C 병점역 연장이 확정된 것처럼 말하는군요. 2024년 4월

천안역 주변에서 수집한 전단지. GTX-C는 정말 양재와 분당을 지날까요? 2025년 5월

천안역 주변에서 수집한 또 다른 홍보물. GTX-C 천안역 연장이 확정됐다고 단언하고 있습니다. 2025년 5월

예정 공사 기간인 60개월을 단순 계산해도 빨라야 2030년에야 개통된다는 결과가 나옵니다. 물론 예정 공사 기간이 지켜질 가능성도 높지 않고요.[3] 공사비 인상은 아파트 건설뿐 아니라 인프라 공사에도 악영향을 미치고 있습니다.[4]

 GTX-C를 건설하는 현대건설은 여러 가지 인프라 건설에 참가하거나 정부에 사업을 제안하고 있습니다. 그렇다 보니 서울 영동대로 지하공간 복합개발 2공구처럼 진행 중인 사업도 있지만, 결국 공기 연장 문제로 포기한 부산 가덕도 신공항 부지 공사도 있죠.[5]

 가덕도 신공항 부지 공사는 애초에 여러 차례 입찰이 유찰된 끝에 현대건설 컨소시엄이 단독 응찰해서 성사되었습니다.[6] 그만큼 이 사업이 어려울 것으로 예상된다는 뜻이고, 현대건설 정도는 돼야 가능한 사업이라는 뜻이죠. 그런데 그 현대건설도 결국 두 손 들어 버린 겁니다. 여기에 포스코이앤씨도 각종 안전 논란에 휘말려 이 사업에서 이탈한 상태입니다.[7] 현재 가덕도 신공항은 2029년 개항은커녕, 착공이 가능할지조차 의심스러워진 상황입니다.

 가덕도 신공항이 들어설 예정인 부산시의 일각에서는, 안전을 위해 공사 기간을 연장하자고 주장하다가 사업에서 이탈한 현대건설을 비난하고 있습니다. 정주영 전 회장이 1970년 7월 7일의 경부고속도로 준공 날짜를 맞추기 위해 돌관공사를 추진한 사례[8]를 끌어오며, 현대건설이 더 강한 의지를 가져 줄 것을 당부하는 사람들도 있습니다.[9] 건설업체가 안전을 위해 공

충북 옥천군의 경부고속도로 순직자 위령비. 2022년 6월

사 기간을 연장하자고 제안한 건데, 안전을 등한시하고 부실 공사를 조장하는 듯한 주장들이 나오는 것은 위험해 보입니다.

부산의 일부에서 언급한 경부고속도로 건설의 경우, 미리 정해진 준공 날짜에 맞춰서 속도전을 벌이다 보니 77명이 사망했습니다. 이렇게 수많은 사상자가 발생한 경부고속도로 건설 때처럼 가덕도 신공항 건설을 밀어붙이자고 하다니, 21세기도 20여 년이 지난 시점에 이런 말을 다시 듣게 될 줄은 몰랐습니다.

일각의 이런 주장들에 대해, 현대건설 측은 "'사익 때문에 국책 사업 지연과 추가 혈세 투입을 조장한다'는 오명"을 받아들일 수 없다는 입장문을 내놓았습니다.[10] "향후 우리가 원래 제안했던 108개월 조건 등으로 재입찰 공고가 나도 사업에 참여하지 않겠다"고도 밝혔습니다. 애초에도 사업에 응하는 업체를 찾기 어려워서 현대건설이 수의계약을 했던 것인데, 현대건설이 이렇게 두 손 들어 버렸으니 앞으로 한동안 새로운 시공사를 찾기 쉽지 않을 겁니다. 현대건설이 특혜를 받았다고 주장하며 제재해야 한다는 주장도 있었지만, 이 부분에 대해서는 기획재정부가 현대건설 측에 계약 의무가 발생하지 않았다고 판단하여 기각했습니다.[11]

결국 2025년 9월 들어 사업 주체인 가덕도신공항건설공단도 부지 조성 공사 기간 연장안을 제시하기 시작했습니다. 현대건설의 판단이 합리적이었다는 뜻이죠. 하지만, 2025년 9월 현재까지 부산시 측에서는 이러한 제안을 거부하고 있습니다.[12] 애초에 2030년 엑스포 개최를 전제로 해서 84개월의 공기를 밀어붙였던 건데, 엑스포 개최가 실패했으니 2029년 완공을 고집할 이유는 없습니다. 하지만 내년에 지방 선거가 있다 보니, 부산시의 행정·정치권에서 기존 입장을 바꾸기는 쉽지 않을 겁니다.

애초에 가덕도 신공항은 2006년의 동남권 신공항 건설 구상에서부터 비롯된 사업입니다. 애초에는 경상남·북도 통합 공항을 만들려 했다가 의견 대립이 심했던 탓에, 지금처럼 부산·경남과 대구·경북이 제 갈 길을 가게 되었죠.[13] 하지만 2025년 현재 가덕도 신공항 건설과 대구경북 신공항 건설 모두 난관에 부딪힌 상황입니다.

결국은 지금처럼 가덕도 신공항과 대구경북 신공항을 따로 만드는 대신, 2016년에 파리공항공단 엔지니어링(ADPi)이 제안한 것처럼 김해공항을 확장하는 게 해결책이 될 수도 있습니다.[14] 최근 들어 "가덕도 신공항에 대한 입지뿐만 아니라 동남권에 신공항을 건설하는 것이 필요한지에 대해 재검토"[15]하자는 주장이 나오기 시작했습니다. 동남권 신공항 구상은 20년이라는 세월이 흐르면서 애초의 목표도, 방향도 잃어버린 것 같습니다.

현대건설이 이탈한 뒤 부산의 일각에서는 "공기 준수라는 목표 아래 공사를 강행하다 많은 인명 피해와 손실을 초래"[16]하면 안 된다는 자성의 목소리가 나오기 시작했습니다. 애초에 가덕도 신공항의 입지 선정이 잘못되었다는 목소리도 부산 정치권에서 나오기 시작했죠.[17]

그간 '엑스포 유치 - 북항 재개발 - 가덕도 신공항 건설'은 삼위일체처럼 존재해서, 여기에 다른 의견을 제시하기 어려운 분위기가 존재했습니다. 하지만 엑스포 유치에 실패하고 지방 선거도 다가오다 보니, 비로소 다른 의견을 낼 수 있는 틈이 생긴 거죠. 아마 내년 지방 선거가 끝나고 나면 부산시 행정·정치계의 입장이 정리될 것이고, 가덕도 신공항의 미래도 그때쯤 윤곽을 드러내겠죠. 이런 면에서는 선거가 사회의 다양성을 유지하는 데 도움이 됩니다.

애초에 가덕도 신공항 완공 시기로 제시되었던 2029년은 2030년 엑스포를 부산에서 개최하려던 해의 직전 해일 뿐 아니라, 2028년의 국회의원 선거와 2030년의 대통령 선거를 앞뒤로 둔 절묘한 해이기도 합니다. 한국의 각종 인프라 사업에서 가장 논란이 되고 있는 연도죠. 2025년에 대통령에 취임한 이재명 대

부산 해운대 인근에 게시된 해수부 및 산업은행 이전 이슈 관련 현수막. 2025년 7월

통령이 해양수산부를 부산으로 이전할 것이라고 발표하자, 해수부가 2029년 이전을 제안했다가 "안일한 인식을 가지는 것 같다"[18]며 퇴짜를 맞았습니다. 그런데 같은 이재명 정부가 2029년 전후로 대통령실을 세종에 완공하겠다고 하고 있어서 흥미로운 대조를 보이고 있습니다.[19]

GTX·CTX의 미래는?

2024년 국회의원 선거에 이에 2025년 대통령 선거 때에도 GTX를 전국에 건설하자거나 KTX 세종역을 설치하자는 공약이 나왔습니다. 이런 장밋빛 미래와는 대조적으로, 실상은 착공식을 치른 GTX-B의 대부분 구간조차 아직 착공하지 못하고 있습니다. 대통령 선거 뒤의 2025년 추경안에서는 GTX-B 노선 중 용산-상봉의 재정 구간 관련 예산이 대폭 감액된 사실도 확인되었습니다.[20]

GTX-B 가운데 용산-상봉 재정 구간은 확실히 개통될 것입니다. 이것은 이 구간의 만성적인 선로 포화 상태를 해결하기

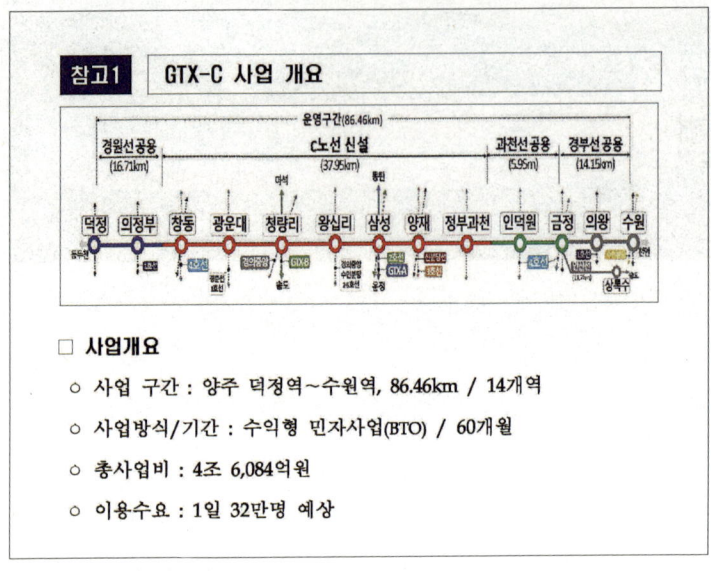

국토교통부에서 2024년 1월에 발표한 GTX-C 노선.
발표 당시 2028년 말 개통을 목표로 한다고 했는데, 과연 이루어질까요?

위해 이뤄지는 사업이기 때문이죠.[21] 하지만 GTX-B의 나머지 민자 구간이 언제 완공될지의 여부는 불확실합니다.

　　GTX-C 노선 이후의 구상은 더욱 불투명합니다. 현재까지 확정된 GTX-C 노선은 경기 북부의 양주시 덕정역에서 경기 남부의 수원역 및 안산시 상록수역까지의 구간입니다. 지난 정권 때 수많은 노선 연장이 제안되었지만, 현실은 연장 구간이 아닌 기존 구간의 사업 실시 여부조차 불확실합니다.[22] 이런 상황에 대해 정부는 민간 사업자가 조달할 수 있는 자금 규모를 확대해 주겠다는 정도의 대안밖에는 제시하지 못하고 있습니다.[23] 그나마 GTX-C는 구간의 절반가량이 경원선·과천선·경부선의 기존 노선을 공용하기 때문에 실현 가능성이 있다고 판단됩니다.

교통망 건설은 언제나 원래 예측보다 훨씬 더 오랜 시간이 걸립니다. 인천과 수원 간을 잇는 협궤 수인선을 복선 전철로 바꾸는 사업을 예로 들어 보겠습니다. 1994년에 시작된 이 사업은 애초에 1998년에 개통할 것으로 전망되었습니다.[24] 하지만 결국에는 원래 예측보다 무려 22년이나 더 걸린 2020년에 완공되었죠.

신안산선도 원래 2023년 완공 예정이었다가[25] 자꾸만 일정이 밀려서, 2024년 총선 전후로는 2027년에 완공되리라는 보도들이 나왔습니다.[26] 저는 여의도역 공사 현장에 게시된 안내문을 정기적으로 기록하고 있는데, 2023년 8월에는 공사 완료 일자가 2024년 12월 31일로 적혀 있던 게, 2025년 9월에 다시 보

수인선 3단계 개통 기념 카드. 2020년 9월 입수

신안산선 여의도역 공사 안내문의 변화. 2023년 8월에 가봤을 땐 공사 종료 시점이 2024년 말로 안내되어 있었는데, 2025년 9월에 가보니 2026년 말로 늘어났습니다.

니 2026년 12월 31일로 바뀌어 있더군요. 하지만 2025년 4월 11일에 광명역 구간에서 싱크홀 사고가 발생했기 때문에, 원인을 찾고 시공법을 재검토하는 과정을 거치면 2026년 말이라는 완공 예정일은 더 늦어질 가능성이 있습니다.

이런 사례들은 누군가 부정을 저지르고 있거나 무능해서 일어나는 게 아닙니다. 시간이 지날수록 건설 사업 외적 요인들이 변화해서 건설비가 오르지만, 공공 공사의 공사비는 경직성이 강하기 때문입니다.[27] 또 정치적 득실을 따져서 사업 내용을 자신들에게 유리하게 바꾸려는 행정·정치권의 시도 또한 끊이지 않습니다.

그러므로 건설 사업 시작 단계에 제시된 예상 시간표는 어디까지나 참고로만 받아들여야 합니다. 이를 절대적인 기준으로 받아들이고 인생 계획을 세우면 안 됩니다.

예를 들어, GTX-A 삼성역의 핵심이 될 2공구의 시공사 선정이 늦어진 바람에,[28] GTX-A의 전체 개통 및 삼성역 정차 일자가 계속해서 늦어지고 있습니다. 2023년, 2025년에 이어 최근에는 2028년 전면 개통이 거론되고 있지만, 지금까지의 추이를 보면 더 늦어질 가능성이 있습니다. 2023년에 완공될 거라는 당초의 발표를 믿은 수많은 시민들이, 서울 강남까지 빠르게 출근할 수 있으리라 믿고 경기도 곳곳에 집을 구했다가 지금까지도 삼성역에 내리지 못하고 있습니다.

GTX-A의 진행 상황을 보면, 2030년 준공 예정[29]으로 되어 있는 GTX-B의 미래도 짐작할 수 있습니다. 또 GTX-B가

인천시청 주변에 게시된 GTX-B 공사 관련 안내. 2025년 7월

완공된 뒤의 이용객도 당초 예상에 미치지 못할 가능성이 있습니다. 코레일이 GTX-B 운영사로 지정된 것은,[30] 이 노선의 미래 수익에 대해 민간 업체들이 낙관적으로 보지 않음을 암시합니다. GTX-B가 2030년에 준공될 것이라는 전제에서 아파트 가격이 올랐던 인천 송도나 남양주 마석 등에서는 도로 하락세가 보이고 있습니다.[31]

교통망 지하화는 어느 정도나 가능할까?

전국을 답사하다 보면, 균형 발전을 위해 철도를 새로 깔아 달라고 하거나, 도로를 신설 또는 증설해 달라는 내용을 담은 플래카드를 자주 접합니다. 모두 자신의 지역에 교통 혜택이 주어지는 것이 진정한 균형 발전이라고 주장하고 있어서 당황스럽습니다.

그나마 이런 지역에 교통망을 확충하는 것은 국민들의 평등권을 확보하는 정책이라고 할 수 있습니다. 하지만 이미 교통망이 충분한 대도시에서, 거액의 예산을 투입해 기존 교통망을 지하화해 달라고 하는 것은 논리적으로도 맞지 않고 실현 가능성도 높지 않습니다.

지하화 공약이 판치던 2024년 총선이 끝나자마자, 국회입법조사처에서는 철도 지하화에 신중을 기해야 한다는 보고서를 발표했습니다. 건설업계에서는 서울 시내의 철도 지하화에만 1백조 원이 든다며 우려하기도 했죠.[32] 하지만 서울시 측이 또다시 철도 지하화를 주장하면서 25조 6천억 원이면 충분하다고 주장해서 논란이 되었습니다.[33] 상부 구간을 개발하는 이익이

균형 발전을 거론하며 도로 건설이나 철도 부설을 염원하는 각종 선전물. 경기 양평군 용문과 강원 홍천군 간 광역 철도 건설, 충북 청주공항과 보은군 간 내륙 철도 건설, 충남 공주시 유구와 아산시 간 도로 확포장을 요구하고 있습니다. 각각 2024년 7월, 2025년 3월, 2025년 7월

31조 원일 것이므로 충분히 사업 추진이 가능하다는 또 하나의 희망 회로로 보입니다.

2025년 대통령 선거에서 유력 후보 세 명을 배출한 경기도 역시, 2026년 지방 선거를 염두에 두고 다시 철도 지하화 이야기를 꺼내기 시작했습니다.[34] 이런 소식이 들려오면 선거가 가까워진 거죠.

제가 드릴 수 있는 말씀은 명확합니다. 2024년 총선 당시에 던져진 각종 건설 공약들 특히 지하화 공약이 지금 얼마나 현실화되었는지 돌이켜 보시라는 겁니다. 그러면 2026년 지방 선거를 앞두고 던져질 수많은 공약들이 어떤 결말을 맞이할지 쉽게 예상하실 수 있을 겁니다.

각자도생의 한국 사회

2024년 총선 전에는 우주 개발에 100조를 투자하겠다거나,[35] 기회발전특구에 40조 원의 투자를 하겠다거나,[36] 충청권 광역급행철도 등에 5조 원을 투입하겠다[37]는 식의 인프라 공약들이 던져졌습니다. 부동산업계에서도 이를 호재 삼아서 여전히 홍보하는 경우가 있죠. 하지만 이들 공약이 현재까지 큰 진척을 보이지 않고 있음은 두말할 나위도 없습니다. 2025년 대선을 앞두고도, 인공 지능(AI) 예산을 100조·200조 투입하겠다는 식으로 비슷한 규모의 공약들이 던져졌습니다.[38]

정치권에서는 이렇게 "조" 단위를 쉽게 거론하지만, 사업을 현실화시켜야 하는 건설업계에서는 점점 위기 상황이 심화되고 있습니다. 주택 건설 물량이 축소되어서 향후 몇 년간 집값이 오를 것이라는 예측이 많이 나오고 있는데요, 주택 건설이 문제라면 인프라 건설도 당연히 문제인 상황인 거죠. 싱크홀·지반 침하 사고,[39] 그리고 부실 공사[40]가 잇따르는 것은 이런 위기 상황의 방증입니다.

각종 건설 사업에 대해 지나치게 장밋빛 미래를 제시하는 공약은 물론, 부동산 광고에 속으면 안 됩니다. 현재 한국의 부동산 시장에서는 과장 광고가 당연하다는 듯이 이루어지고 있습니다. 이는 부동산 시장에 대한 신뢰를 떨어뜨리는 요인이어서, 결국 언젠가는 엄격한 규제가 이루어져야 할 것입니다. 일본에서도 부동산업계에서 온갖 과장 광고가 판치다가 1980년 들어 '택지건물거래업법 개정(宅建業法の改正)' 등의 규제가 이루어지면서 비로소 시장 질서가 잡히기 시작했습니다.[41]

하지만 한국에서는 부동산 과장 광고를 규제할 근거를 만들고 집행해야 하는 정치인들, 행정가들부터가 과장된 공약을 내거는 것이 현실입니다. 이 책의 전작인 『한국 도시의 미래』에서도 말씀드렸듯이, 한국 정부는 적대적인 국가들로부터 국가의 존속을 지키는 데 급급하다 보니, 시민 개개인의 행복을 챙기는 선진국 같은 행정을 할 여유가 없었습니다. 행정 공백의 틈을 타고, 각종 개발 계획에 접하기 쉬운 행정·정치권 인사들이 부정을 저지르는 일도 끊이지 않았죠. 대통령들부터가 각종 부동산 비리에 휘말렸으니, 아랫사람들이야 어땠겠습니까.

따라서 시민 개개인은 한국이 각자도생의 사회라는 사실을 절감하고, 다른 사람들의 달콤한 말을 비판적으로 받아들일 필요가 있습니다.

지자체들 간의 갈등에 휘둘리는 국가의 미래

모두들 아시다시피, 2024년 총선 전에 그렇게 시끌시끌하던 수도권 메가시티 논란은 결국 아무런 성과 없이 끝났습니다. 인구 1백만 명의 고양시는 서울시에 편입시키고 인구 1백만 명의 화성시에서는 동탄을 분리시키겠다는, 조금만 들여다보아도 일관성 없는 주장을 정치인들은 던졌고 언론은 무비판적으로 이를 받아 보도했습니다.

이렇게 황당한 공약이 던져졌다가 아무런 결실을 맺지 못하다 보니, 2025년 대선에서는 무분별한 메가시티 공약이 거의 나오지 않았습니다.[42] 정치인들이 실패에서 조금은 배운 점이 있는 듯하여 다행입니다. 2026년에는 지방 선거라는 특성상 또 다시 메가시티 공약이 여기저기서 나오겠지만, 의미 있는 결실을

제22대 총선 무렵 등장한 "서울특별시 덕양구", "동탄시 독립"이라는 표현. 2024년 4월

제22대 총선을 앞두고 경기 고양시 원당 지역에 내걸린 현수막의 글귀, "경기북도 노! 서울 편입 예스!" 2023년 11월

동두천 시내에 게시된 경기북도 이슈 관련 현수막. 2025년 7월

맺는 곳은 많지 않을 터입니다. 1990년대에 지방자치제가 시작된 뒤로 각 지자체별로 이해관계가 형성되면서, 행정 통합을 하면 자신의 자리나 이익을 잃어버릴 것을 두려워하는 사람들의 수가 늘어났기 때문입니다.

2024년 총선 당시 제안되었던 김포시·고양시의 서울 편입 주장에는 해당 지역 내부의 정치적 갈등, 그리고 자기 지역이 경기북도에 포함되는 데 대한 반발이 뒤섞여 있었습니다. 김포시는 인천·서울에 가로막혀서 경기남부와 분리되어 있다 보니, 경기북도가 만들어진다면 편입될 가능성이 있습니다. 한강 북쪽의 고양시는 빼도 박도 못하게 경기북도에 포함되죠. 이런 상황에 대해, 주로 두 지역의 신도시 거주민들이 반발한 것이 논란의 핵심이었습니다.

이런 분들은 안심하셔도 좋을 겁니다. 경기북도 분도 주장은 편입이 예상되는 지역 시민들의 반발이 크고, '평화누리특별자치도'[43]라는 기묘한 이름이 제시되는 등의 해프닝도 벌어지는 바람에 실현 가능성이 많이 낮아졌거든요. 또 새로 취임한 대통령이 "경기북도 분도 땐 강원서도로 전락"[44]한다며 경기북도 분도에 대해 신중한 입장을 보이기도 했습니다.

총선 때 메가시티 논란이 처음 일어난 김포에서는, 수도권 전철 5호선을 김포·인천 검단신도시로 연장하는 문제가 여전히 해결되지 않고 있습니다. 5호선을 김포 한강2콤팩트시티까지 연장하는 노선이 인천 검단신도시를 통과하기로 되어 있는데, 검단에 얼마나 많은 정차역을 만들지가 논란의 핵심입니다.

2024년 김포의 한 시민 단체는 5호선 연장에 대해 "내년 연말에도 같은 이야기를 반복할 거"[45]라는 비관적인 예측을 내놓았습니다. 실제로 2025년에 대통령 선거가 치러지고 나서도 여전히 5호선 연장 논의는 결론이 나지 않고 있습니다. 5호선 연장을 내세우는 아파트 분양 광고들이 김포 곳곳에서 보이지만, 과연 5호선 연장이 단기간에 가능할지는 잘 모르겠습니다. 5호선 연장에 관계된 김포와 인천이 협력해도 사업이 추진될까 말까 하는 상황에, 두 지역이 극한 대립을 보이면 사업 추진이 쉽지 않습니다.

이렇게 예측하는 또 한 가지 이유는, 2025년 7월에 김포-인천-부천을 잇는 서부권 광역급행철도가 예비타당성 조사를 통과했기 때문입니다. 이 노선이 바로 그간 소문만 무성하던 GTX-D입니다.[46]

GTX-D 노선을 김포에서 강남으로 연결해 달라는 내용의 현수막들이 김포시 통진 지역에 내걸렸습니다. 2021년 6월 촬영

GTX-D의 확정된 노선. 이 사업은 기획재정부의 2025년 제7차 재정사업평가위원회 결과, 예비타당성 조사를 통과했습니다.

서부권 광역급행철도는, 그간 일각에서 예측·요구했던 것처럼 김포에서 부천을 거쳐 서울 강남을 지나 경기 하남으로 가지 않습니다. 그 대신 김포에서 인천을 거쳐 부천에 간 뒤에, 부천에서부터 GTX-B 노선을 공용하여 청량리로 가는 것으로 결정되었습니다. 이에 따라, GTX-D·GTX-B를 이용해서 서울 강북으로 가는 수요와 5호선 연장 노선을 타고 서울 강북으로 가는 수요가 겹칠 가능성이 있습니다.

"니가 가라 부천으로! 가고 싶다 서울로!"[47]라는 식의 자극적인 구호를 외친 사람들이 있었습니다. 이들의 희망 회로와는 전혀 다른 모습으로 GTX-D가 드디어 실체를 드러냈습니다. 이 노선은 예타를 통과하기 위한 차악의 선택으로 보입니다.

또 서울 양천구에 자리한 차량 기지를 받는 조건으로 수도권전철 2호선 신정지선을 김포시로 연장하려는 움직임도 있습니다.[48] 목동 신시가지의 재건축을 기회 삼아 수도권전철을 김포로 연장시키려는 의도로 이해됩니다. 하지만 위례신도시와 서울 도심을 연결시킬 예정으로 입주민들의 분담금까지 받았던 위례신사선도 거의 20년 가까이 계속 공전 중입니다. 이걸 참고하면, 목동 신시가지 재건축 그리고 한강제2콤팩트시티 개발이라는 토목 사업이 도시철도 연장 사업을 실현시키는 데 얼마나 도움이 될지는 의문입니다. 김포공항 주변의 고도 제한 국제 기준이 바뀌게 되면서 목동 재건축 사업에 영향을 미칠 가능성도 생긴 것을 고려하면 상황은 더 좋지 않죠.[49]

근본적으로, 인구 50만의 김포시가 인천 등 주변 지자체들

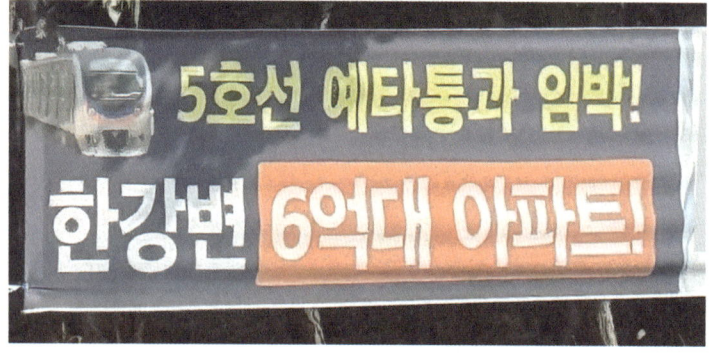

김포 한강제2콤팩트시티 보상에 관한 주장을 담은 현수막. 2024년 9월
수도권전철 5호선의 김포 연장 결정이 임박했다고 주장하는 아파트 분양 홍보 현수막. 2025년 8월

과 갈등을 겪어 가며 2호선·5호선·9호선 연장과 GTX-D 신설까지 한꺼번에 실현시킬 여력이 있을지 의문입니다.[50] 김포골드라인의 탄생 과정, 그리고 현재 보이고 있는 운영의 난맥상을 고려한다면, 이러한 의문을 단순한 노파심으로 치부하기는 힘들 터입니다.

제2차 공공기관 이전도 지자체 간의 갈등과 정부의 행정 집행력 상실로 인해, 원래 2023년에 시작되었어야 할 이전 작업[51]이 2025년 현재까지도 윤곽이 잡히지 않고 있습니다. 2025년 6월의 대통령 선거는 이미 지났고 2026년 6월에 지방 선거가 있

목동 신시가지의 수도권전철 2호선 차량기지 위로 날아가는 항공기. 2019년 12월

으니, 2025년에서 2026년으로 넘어가는 시점에 기본계획이 발표되지 않을까 짐작해 봅니다.

　마지막으로 수원 군공항 이전을 둘러싼 수원시와 화성시의 갈등,[52] 광주 군공항 이전을 둘러싼 광주광역시와 무안군의 갈등,[53] 나로우주기지에서 사용할 우주발사체의 단 조립장 위치를

□ 항공수요 예측 결과

구분	여객수요(만 명)			화물수요(톤)		
	국내선	국제선	합계	낙관	중립	위축
2035년	525~616	722~855	1,247~1,471	285,217	248,015	210,812
2045년	559~652	887~1,048	1,446~1,700	335,804	292,004	248,203
2055년	598~707	997~1,180	1,595~1,887	376,871	327,714	278,567
2065년	674~786	1,101~1,294	1,775~2,080	412,196	358,431	304,667

□ 복수 후보지

2024년 11월 8일 경기도 보도자료에 실린 경기국제공항 후보지.
화성의 화성호 간척지, 평택 서탄면, 이천 모가면이 선정되었습니다.

둘러싼 고흥군 측의 반발[54] 등은, 국가 사업이 지자체 간 갈등에 휘말려 방향을 잃어버린 현실을 보여 줍니다. 2026년의 지방 선거, 2028년의 국회의원 선거, 2030년의 대통령 선거. 2년 간격으로 치러질 선거를 앞두고 이런 사례는 더욱 늘어날 것으로 보입니다. 한국의 정치권과 행정 영역은 이런 국가적 차원의 갈등을 해결할 능력도 의지도 상실한 것으로 보여서 우려됩니다.

KTX 세종역은 만들어지기 어렵다

2025년 6월의 대통령 선거와 2026년 6월의 지방 선거 사이에는 대통령실·국회의사당의 세종 분원 설치와 제2차 공공기관 이전이라는, 한국의 사회 구조에 근본적인 영향을 미칠 두 가지 안건이 구체적인 모습을 드러낼 겁니다. 한 나라의 그 어떤 안건도 정치 분야와 연관을 맺고 있지 않은 것이 없지만, 특히 이 두 가지 문제는 더욱 그렇습니다. 사업이 시작될 수 있을지 무산될지, 일단 시작된 사업이 완공될지 아니면 중간에 좌초될지의 여부는 특히 정치적 풍향에 민감하게 반응합니다.

예를 들어 KTX 세종역을 신설하는 문제를 생각해 보겠습니다. 교통 관점에서만 보자면 KTX 세종역 설치는 오송역-세종역-공주역이라는 역들 사이의 간격 문제만 극복하면 충분히 가능합니다. 이용객이 적어 "유령역"[55]이라고까지 불리는 공주역을 폐역시키고 그 대신 세종역을 만드는 것도 생각할 수 있습니다.

하지만 가장 큰 반대는 공주역이 자리한 충청남도가 아니라, 청주시를 중심으로 하는 충청북도에서 나올 겁니다. 충북은 정부 기관이 모여 있는 세종 행복도시의 관문 역할을 하는 역이 오송역이 되어야 한다고 주장해 왔습니다. 따라서 어떤 정당이 KTX 세종역을 설치하겠다고 주장한다면, 그것은 선거에서 충북의 표를 포기한다는 뜻입니다. 충북 측의 단체들은 KTX 세종

역 설치를 주장하는 후보들에 대해 낙선 운동을 벌일 것임을 밝혀 왔습니다.[56]

더욱이 KTX 세종역은 대전광역시로서도 그렇게 반길 만한 존재가 아닙니다. 세종 행복도시의 남쪽 끝에 KTX 세종역이 만들어지면, 안 그래도 중앙으로부터 홀대받는다는 지적이 나오는 서대전역의 기능이 더욱 약화할 가능성이 있기 때문입니다. 청주를 중심으로 한 충북의 반대, 그리고 대전광역시의 비협조를 무릅쓰고 KTX 세종역이 만들어질 가능성은 교통적으로는 높지만 정치적으로는 낮습니다.

심지어 만약 이 모든 난관을 무릅쓰고 KTX 세종역이 만들어진다면, 그간 서울·경기권에서 출퇴근하기 어려워서 세종에 정착한 공무원·공공기관 직원들이 도로 세종을 떠날 가능성이 있습니다. 현재 인구가 40만 명 전후인 세종시는 50만 명을 목표로 삼고 있는데, 인구가 늘기는커녕 도로 줄어들 수도 있는 거죠.

현재 KTX 세종역이 만들어질 유일한 가능성은, 대통령실이 세종 행복도시에 만들어지는 것입니다. 이렇게 되면 서울과 세종 간에 대통령 전용 열차를 운행시키기 위해서라도 KTX 세종역을 호남고속선상에 건설하게 될 것입니다. 대통령이 일 년 중 몇 달이라도 세종 대통령실에 머물게 된다면, 세종시의 인구는 현재의 40만에서 상당히 늘어나겠죠. 최소한 50만 명, 그리고 어쩌면 1970년대 말에 설계된 임시행정수도 백지계획의 구상대로 100만 명을 찍을 수도 있을 겁니다.

실제로 백지계획에는 지금의 세종시와 공주시 사이의 장군면에 고속철도역을 설치한다는 구상이 있었습니다. 다만 그때는 부여 근처를 거쳐 서북쪽에서 동남쪽으로 임시행정수도를 통과하여 부산으로 간다는 구상이었습니다. 아마 부여에 거점을 둔 김종필이라는 정치인의 존재를 감안한 설계였겠죠.

행정수도 세종은 완성될 수 있을까?

2025년 6월의 대통령 선거 전에 언론인 조갑제가 당시 이재명 대통령 후보와 대담한 뒤 그 내용을 정리한 바 있습니다. 그의 증언에 따르면 이재명 후보는 행정수도 완성을 완전 부정하지는 않았지만, 이 사업이 쉽지 않을 것이며 서둘러 추진할 필요는 없다는 인식을 보였다고 합니다. "개헌이 필요하고, 국민 갈등 등으로 추진이 쉽지 않을" 텐데 "초기에 그런 문제로 힘을 뺄 필요가 있을까"라는 반응이었다고 합니다.[57]

물론 대통령이 된 뒤에는 판단이 바뀌었을 수도 있겠습니다만, 이 책을 쓰고 있는 2025년 하반기 시점까지 이재명 대통령은 여론에 민감하게 반응하며 정책을 추진하고 있는 모습을 보입니다. 세종시가 탄생한지 20년이 지나가는 현재까지도 세종시의 존재 의의에 대해 국민들의 여론이 통일되지 않은 것을 고려한다면, 세종시에 정말로 대통령실을 만들지의 여부는 여당 내의 여론 및 국민 여론 등을 고려하면서 대단히 신중하게 추진할 것으로 예상됩니다.

저는 행정수도 완성에 찬성하는 입장입니다. 국토의 서북쪽에 치우친 위치에 각종 인프라가 집중된 지금 상황은, 시민들이 어디에 살든 골고루 혜택을 받아야 한다는 평등권에 위배된다고 보기 때문입니다. 세종에 수도가 있다면 전 국민은 모두 2시간만 이동하면 인프라 혜택을 볼 수 있게 됩니다.

현재 대한민국의 수도는 서울입니다. 한국의 수도를 옮기려는 시도가 두 차례 있었고, 두 번 모두 실패했기 때문에 서울은 여전히 한국의 수도입니다. 한 번은 1970년대 말에 추진된 행정수도 백지계획이고, 또 한 번은 2004년에 추진된 행정수도 이전 계획입니다. 1970년대의 시도는 박정희 대통령이 암살되면서 중단되었습니다. 2004년의 시도는 헌법재판소가 행정수도 이전을 위헌으로 판단하면서 중단되었고요.

1970년대 말의 계획이 중단되면서 그 대안으로 탄생한 것이 정부 대전청사였습니다.[58] 그리고 2004년의 계획이 중단되면서, 입법부와 사법부가 움직이지 않는 상태에서 행정부만 이

세종 천도론의 최대 수혜지라 주장하는,
세종시 조치원읍의 어느 장기임대주택 광고 현수막. 2025년 5월

동해서 탄생한 것이 세종특별자치시였습니다. 2025년 6월의 대통령 선거를 앞두고 대통령실과 국회의사당의 전부 또는 일부를 세종시로 옮겨서 세 번째로 행정수도를 완성시키겠다는 주장이 여당 야당 가리지 않고 나왔습니다. 그 때문에 세종시 동(洞) 지역의 아파트 단지 가격이 폭등했죠. 세종시 동 지역과 무관한 북쪽의 조치원읍 지역에서도 행정수도 완성을 앞세운 임대주택 사업이 있어서[59] 세종시가 투자에 신중을 기할 것을 거듭 강조한 바 있습니다.[60]

행정수도는 왜 만들어졌나?

그런데 애초에 왜 지금의 세종시 자리에 행정수도를 건설하려 했던 걸까요?

1970년대 말에 행정수도를 건설하려는 가장 큰 목적은 안보적 차원이었습니다. 대한민국의 인구 중심점으로 수도를 옮기되, 휴전선으로부터 평양보다 더 먼 거리인 70킬로미터 이상, 북한군의 해상 공격으로부터 안전한 서해안 40킬로미터 이상 떨어진 곳에 설치한다는 것이었습니다.[61]

북한은 핵무기로 한국 전역을 위협함과 동시에 국지 도발도 지속적으로 시도하고 있습니다. 연평도 포격, 천안함 피격 등이 그런 사례들이죠. 북한이 국지 도발을 일으켜 서울을 공격하면 서울 인구의 3분의 1이 사상하리라는 예측이 있습니다.[62] 1970년대에 행정수도를 설계했던 대전제에 변화가 없다는 말입니다.

1970년대 말의 행정수도 백지계획에 등장하는 "인구의 중심"이라는 말에도 주목할 필요가 있습니다.

헌법 3조에 따르면 한국의 영토는 압록강과 두만강까지이므로, 이에 따르면 한국의 인구 중심은 지금의 세종시 일대가 될 수 없습니다. 하지만 현재의 대한민국이 실효 지배하는 지역만을 영토로 인정한다면, 한국의 인구 중심은 지금의 세종시 주변이 됩니다. 즉 1970년대의 행정수도 이전 계획은 통일이 불가능하거나 아주 먼 미래의 일이라는 전망하에, 지금의 대한민국을 그 자체로 완성된 국가로서 인정했기 때문에 가능한 것이었습니다. 행정수도의 완성을 꾀하는 모든 정치 세력은 이 점을 깊게 고찰할 필요가 있습니다.

한편 이 시기의 문건들을 보면 국토 균형 발전이라는 목적은 안보적 목적에 비해 후순위에 놓여 있었습니다. 수도를 지금의 세종시 위치로 옮기는 가장 중요한 목적은 "근접성의 횡포"[63] 즉 수도가 적국으로부터 너무 가까운 상황을 회피하는 것이었습니다. 북한이 단기간에 붕괴되거나 남북한이 단기간에 통일되거나 북한이 평화로운 민주주의 국가로 바뀌지 않는 한, 한국이 지니고 있는 이러한 위험성은 여전할 것입니다.

그런데 2000년대 들어 추진된 행정수도 이전 계획에서는 국토 균형 발전이 최우선순위로 올라오게 됩니다. 소련의 해체와 중국의 개혁 개방을 통해 탈냉전이 시작됨에 따라, 안보적 압력이 줄어들었다고 판단되었기 때문입니다. 이에 따라 이때는 안보적 목적보다는 국토의 균형 발전에 중점을 두고 행정수도와 혁신도시 건설이 추진되었습니다.

하지만 혁신도시는 기계적으로 지자체들의 경계 지점에 건설되는 바람에 효율이 떨어졌고, 기대했던 서울이 아닌 혁신도시 주변 지역에서 인구를 빨아들이는 바람에 지방 소멸 문제를 심화시켰습니다.

또, 대서울권으로의 인구 유출을 막기 위한 방파제로서 전국에 소수의 혁신도시를 배치하고 집중적으로 육성했어야 합니다.[64] 하지만 국가기관을 특정 지역에 몰아주는 것은 불공평하다는 항의가 전국에서 일어났습니다. 그 결과, 혁신도시는 집중에 의한 균형 발전을 이루는 데 실패했습니다.

이제 한국에 남은 카드는 행정수도를 완성해서, 전 국민이 2시간 내로 최고의 인프라를 누리게 만드는 것입니다. 전국 구석구석에서 서울로 접근하는 데 걸리는 시간, 그리고 세종을 중심으로 한 중부권으로 접근하는 데 걸리는 시간을 생각하면, 어느 쪽이 전 국민의 행복에 기여할지는 명백합니다.

또한 이는 서울 시민들의 행복을 위해서도 좋은 일입니다. 1950년대부터 추진된 서울로의 인구 집중 억제 정책은 모두 실패했습니다. 그간의 인구 집중 억제 정책들을 살펴보면, 서울에 최소한의 핵심 기능을 유지시킴으로써 서울의 위상을 떨어뜨리지 않아야 한다는 내용이 반드시 포함되어 있습니다. 정책 입안자들이 대서울권 특히 서울에 살고 있다 보니 이런 내용이 담겨 온 것입니다. 하지만 서울로 인구가 집중되어 좋은 것은 서울 건물주·토지주들의 재산 가치 상승뿐입니다. 그 밖의 모든 것은 국

국회와 대통령실이 들어설 예정인 세종시 S-1 구역 전경. 2023년 12월

가를 위해 좋지 않습니다.

　1970년대의 설계에 따르면, 행정수도가 완성되면 인구 1백만까지 유치가 가능해집니다. 세종시와 함께 중부권을 구성하는 대전과 청주도 비슷한 수준으로 인구가 증가할 것입니다. 이에 따라 서울 인구는 최종적으로 7백만 명 전후에서 안정될 것입니다. 반세기 동안 인구 폭증에 시달려 온 서울은, 지금보다 2백만~3백만 명 정도 인구가 빠져나가면서 비로소 공간적 여유를 갖게 될 것입니다. 공간적으로 여유로워지고 정치적으로 부담이 줄어든 서울은, 국제적인 중심 도시로서 새로운 미래를 향해 나아가게 될 것입니다.

세종은 영원한 정치 테마주

2025년 대선이 끝나자마자 대통령 세종 집무실 이야기는 수면 아래로 들어갔고, 세종은 또 다시 "테마주"라는 말을 듣고 있습니다.[65]

더욱이 해양수산부(세종)·항우연(대전)·천문연(대전)을 부산·경남권으로 옮기는 문제로 충청권과 경남권이 충돌하고 있습니다.[66] 모 정치인은 해양수산부를 세종에서 부산으로 옮기는 것이 새로운 수도권을 만드는 초석이라고 주장했습니다.[67] 반대로 경상남도 혁신도시에 자리한 국방기술진흥연구소·한국토지주택공사 등의 일부 기관이 대전·세종에 거점을 마련하려고 해서 경남 측의 반발을 산 일도 있었죠.[68]

이런 사례들은 각 기관이나 여러 지역들이 우발적으로 일으키는 게 아닙니다. 행정수도를 세종에 만들어서 국토의 중심에 수도를 놓을 것인지, 현행 수도권을 그대로 둔 채 동남부 끝에 새로운 수도권을 만들어서 양극 구조를 만들 것인지, 한국의 미래를 둘러싸고 두 개의 근본적으로 다른 세계관이 충돌하고 있는 것입니다.

하지만 이런 근본적인 세계관의 충돌을 외면한 채, 2026년 지방 선거를 앞두고 행정수도 세종의 완성이라는 목표는 또 한 번 정치의 중심에서 인기 공약거리가 되겠죠. 기관들을 수도권에서 비수도권으로 이전하는 문제, 세종·대전에서 다른 지역으로 이전하는 문제, 그리고 행정수도 세종의 완성이라는 서로 모순되는 세 가지 과제를 논리적으로 그리고 정치적으로 풀어내는 것이 가능할지, 개인적으로는 답이 잘 보이지 않습니다.

제2차 공공기관 이전도 마찬가지입니다. 현재 서울·경기를 제외한 전국의 지자체에서는 자기 지역으로 이전해 오기를 희망하는 공공기관들의 리스트를 작성하고 있습니다. 이 리스트는 2025년의 대선 전에 서서히 형태를 갖추기 시작했습니다.[69] 2026년 지방 선거를 앞두고는 본격적으로 중앙 정치권·행정 당국에 제시되겠죠. 그리고 이전할 후보 기관과 후보 지역들이 한번 제시되고 나면, 그것은 돌이킬 수 없을 정도로 강력한 힘을 갖게 될 겁니다. 전국 곳곳에서 다시 한번 사실과 허구가 뒤섞인 개발 열기가 일어나겠죠.

정치적 갈등 때문에 2025년 6월에 갑자기 대통령 선거가 열리다 보니, 사전 투표 전까지 공약집도 제대로 나오지 않았습니다.[70] 비상 상황에서 치러진 대통령 선거 때와는 달리, 대선 이후 지선까지의 사이에 수많은 공약이 시민들에게 제시될 것입니다. 공약 하나하나에 너무 큰 신뢰를 두거나 무조건 비판하는 것은 무의미합니다. 앞으로 들려올 수많은 소음 속에서 진짜 정보를 찾아내는 능력을 시민 한 사람 한 사람이 키워야 할 것입니다.

2
국제 정세·기후 변화

국제 정세와 도시, 경제

도시에 대한 책에서 국제 정세를 말씀드리는 것을 의아하게 느끼는 독자도 계실 겁니다. 이런 분들을 위해, 최근 재건축 시장에서 화제가 되고 있는 사안을 소개합니다. 이른바 "빌딩 GOP"라 불리는, 고층 빌딩 옥상의 대공 방어 시설에 대한 것이죠. 저의 다른 책 『도시문헌학자 김시덕의 강남』에서 자세히 다루었으니, 여기서는 짧게 말씀드리겠습니다.

  부동산 정보를 살피다 보면 어떤 지역이 "대공방어협조구역"으로 지정되어 있는 경우가 있습니다. 이런 지역은 건축 행위 시 군의 허가가 필요하고, 군이 필요하다고 판단할 경우에는 고층 빌딩에 군사 시설을 설치할 수 있습니다. 최근 서울 각지에서 재건축을 추진하던 조합원들이, 이 대공방어협조구역이 뭔지 알지 못하고 있다가 자신들의 건물 위에 "빌딩 GOP"가 들어선다는 것을 뒤늦게 알고 당황하는 경우가 늘고 있습니다.[1]

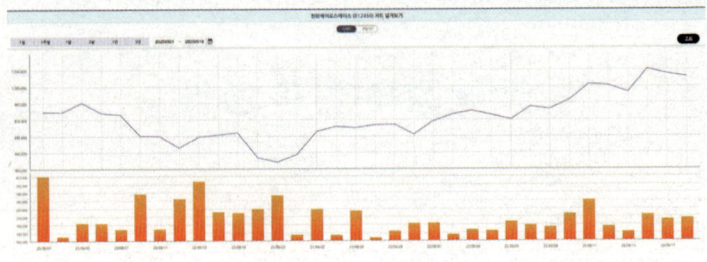

트럼프-푸틴 알래스카 회담 전후의 한화에어로스페이스 주가 변화.
KRX 정보데이터시스템 검색 정보

　　조합원들이 항의한다고 해서 대공방어협조구역의 예외를 인정받을 수는 없습니다. "서울은 최전방이다." 제가 예비군 훈련을 받던 서울 모 훈련장 입구에 걸려 있던 캐치프레이즈입니다. 국제 정세 그리고 연약 지반·기후 변화 같은 지식 없이 한국의 도시와 부동산을 바라보면 안 됩니다.

　　2025년 8월 15일에 트럼프 미국 대통령과 푸틴 러시아 대통령이 미국 알래스카에서 회담을 열었습니다. 이 회담이 열린다는 사실을 트럼프 대통령이 8월 8일에 SNS에 올린 뒤, 한국의 주식 시장에서는 방산주가 한때 급락했죠.[2] 저는 주식을 하지 않지만, 주변 사람들에게 바로 지금이 한화에어로스페이스 같은 방산주를 살 때라고 말했습니다. 그리고 실제로 회담이 끝난 뒤에도 전쟁이 끝나기는커녕 러시아의 공습이 강화되면서, 이 책을 쓰고 있는 2025년 9월 시점에는 한화에어로스페이스의 주가가 1백만 원을 넘어섰습니다.[3]

　　푸틴의 목표는 구소련 시절의 판도를 회복하려는 것입니

다. 또 만약 푸틴이 권좌에서 사라지더라도, 우크라이나를 통합하여 강대국으로서의 위상을 회복하려는 제국주의적 분위기가 러시아 사회에는 널리 존재합니다.[4] 이런 사실을 알고 있다면, 알래스카 회담 같은 일회성 이벤트가 러시아-우크라이나 전쟁을 끝낼 수 없을 것이라는 예측을 할 수 있게 됩니다.

우크라이나의 전 총사령관이자 현 영국 대사인 발레리 잘루즈니의 말처럼, 러시아-우크라이나 전쟁은 2030년대까지 이어질 것이라는 예측이 가능합니다.[5] 2025년 9월 9일에는 러시아 드론이 대규모로 폴란드 동부 지역을 침공했고, 13일에는 러시아 드론이 루마니아에 침입했습니다.[6] 또 19일에는 러시아 전투기 3대가 에스토니아 영공을 12분 동안 침범했습니다.[7] 일련의 사건을 계기로 서구권에서는, 러시아가 우크라이나에서 멈추지 않고 나토 국가들까지 침공할 것이라는 예측이 나오고 있습니다.

미국의 트럼프 대통령이 푸틴 대통령에 대해 모호한 입장을 보이는 가운데, 유럽 각국은 미국 없이 러시아에 맞서기 위해 전시(戰時) 수준의 방위 산업 투자를 준비하고 있습니다.[8] 폴란드의 도날드 투스크 수상이 말한 것처럼 유럽은 "제2차 세계대전 이래 그 어느 때보다도" 군사적 충돌에 가까이 와 있습니다.[9]

한 발 더 나아가 러시아의 반체제 인사인 가리 카스파로프는, 정치인들이 인정하지 않을 뿐 유럽은 이미 러시아와 전쟁 중이라고 선언하기도 했습니다.[10] "영국 방어는 우크라이나에서 시작한다. 내 아이들이 자유로운 유럽에서 살도록 싸우고 있

러시아-우크라이나 전쟁에 북한군이 참전했음을 보여 주는 SNS상의 밈

다"[11]며 우크라이나 전장에서 활동하는 영국의 전 보수당 하원 의원 잭 로프레스티 같은 정치인들도 있습니다. 이러한 상황을 알고 있다면, 알래스카 회담에서 의미 있는 성과가 나오지 않으리라고 예측할 수 있었던 거죠.

또한 러시아-우크라이나 전쟁에 참전한 북한군이 최첨단 드론 기술에 접한 것도 한국을 비롯한 동북아시아의 안보 및 방위 산업 전반에 큰 영향을 미칠 것으로 예상됩니다.[12] 이러한 정세 속에서, 아시아 태평양에 영토를 가지고 있는 프랑스를 비롯한 서방 국가들은 아시아 태평양 국가들과의 공조를 강화하고

있고, 한국을 비롯한 이 지역 국가들과 나토의 협력도 강화되고 있습니다.[13]

2025년 9월 16일에는 우크라이나 측이 한국에 인접한 블라디보스토크에서 작전을 전개했습니다.[14] 또, 러시아가 2023년부터 중국 인민해방군에 첨단 기술을 전수하고 중국군을 훈련시키는 등 타이완 침공 준비를 도와주고 있다는 내용의 문서가 해킹되어, 9월 25일에 영국의 싱크탱크인 RUSI(Royal United Services Institute)가 그 내용을 소개하기도 했습니다.[15] 유라시아 대륙의 양쪽에서 전쟁을 일으켜서 서방 세계의 대응에 혼란을 초래하려는 양동 작전으로 해석됩니다.

이처럼 러시아-우크라이나 전쟁은 일종의 세계대전으로 확대되고 있습니다. 권위주의 정권들과 민주주의 진영 간의 경계선이기도 한 한국이 여기서 피할 방법은 없습니다. 이상의 상황으로부터 저는, 주로 동남권에 거점을 둔 한국 방산업체들의 호경기가 상당 기간 이어질 것으로 예측합니다.

이와 마찬가지로 저는, 앞으로 단기적으로 북한 관련 사업들이 붐을 일으킨 뒤 장기적으로는 거품이 꺼질 것으로 예측합니다. 단기적으로는 경기 북부 및 강원 북부에 대한 투자 붐이 다시 한번 일어날 겁니다. 하지만 한국과의 화해를 거부하고, 핵무기를 유지하면서 미국과의 수교를 원하는 북한 측의 근본 입장이 유지되는 한, 이런 단기적인 붐은 오래 지속되지 못할 겁니다. 1980년대 말의 구소련 붕괴·중국 개혁 개방 이래 보였던 사이클이 반복되겠죠.

2025년 8월 25일의 한·미 정상회담과 관련하여 중요한 움직임은, 이재명 대통령이 CSIS 연설에서 "안미경중"에 대한 입장 변화를 밝힌 것입니다. 안보 측면에서는 미국과 협력하고 경제 분야에서는 중국의 성장으로부터 이익을 얻겠다는 것이 안미경중이죠. 1980년대 말에 시작되어 러시아의 크름반도 점령으로 끝난 탈냉전 시기의 산물인 안미경중 전략이 한동안 한국 경제 성장을 견인한 것은 사실입니다. 하지만 시대가 바뀌었으니 전략도 바뀌어야 합니다.

이재명 대통령은 "한국도 과거와 같은 태도를 취할 수는 없는 상태가 됐다"며 안미경중 전략이 끝났다고 말했습니다. 동시에 "지금은 우리가 지리적으로 매우 가깝기 때문에 거기서 생겨나는 불가피한 관계를 잘 관리하는 수준"이라며, 중국과의 관계 관리를 할 수밖에 없는 피치 못할 사정을 미국 측에 어필했습니다.[16]

이런 입장은 미국의 대중 노선과도 기본적으로 일치합니다. 바이든 대통령과 트럼프 대통령 모두, 중국과는 전면전을 벌이지는 않겠다는 입장을 표해 왔습니다. 하지만 동시에 중국이 미국을 경제·군사적으로 추월하는 것을 막기 위해, 미국은 지속적으로 중국과의 디커플링을 추구하고 있습니다.

예를 들어 희토류 등의 전략 자원 수급에서는 중국이 자원을 무기화하는 것을 막기 위해 공급망 재편을 꾀하고 있죠. 이런 흐름에서 한때 폐광되었던 강원도 영월군 상동읍의 텅스텐 광산이 외국계 기업에 의해 재가동을 준비하고 있습니다.[17] 워런

강원 영월군 상동에서 텅스텐 광산 재가동을 준비 중인 알몬티대한중석. 2021년 9월

버핏은 과거 상동의 텅스텐 광산을 운영하던 대한중석에서 갈라져 나온 대구텍의 지분을 100퍼센트 소유하고 있습니다.[18]

만약 제가 주식을 한다면, 정상회담에서 오가는 화려한 말이나 증권가 찌라시가 아니라 이런 지정학적 움직임에서 투자 기회를 찾아낼 것입니다. 핵심은, 일회적 이벤트에 따른 단기 투자와, 지정학·지경학적 관점에 입각한 장기 투자를 병행할 수 있는 능력을 기르는 것입니다.

2025년 8월의 미·러 정상회담과 한·미 정상회담에서 공통적으로 읽히는 것은, 트럼프 대통령이 노벨 평화상을 받기 위해 평화의 중재자를 자처했다는 사실입니다.[19] 그런 그의 노력에도 불구하고 러-우 전쟁과 북한 핵문제가 해소되지 않고 있고, 이스라엘과 하마스 간 전쟁도 완전히 종식되지 않은 상황입니다. 결국 노벨 평화상 수상이 불발되었으므로, 이제까지의 트럼프 대통령의 행동에서 본 것처럼 그의 입장은 180도 바뀔 가능성이 있습니다. 그 후의 지정학적 상황은 기본적으로 2기 트럼프 대통령 이전과 동일할 터입니다.

권위주의 정권들의 유착

푸틴 대통령은 집권 초기에 가진 인터뷰에서, 러시아 전체가 유럽 문화권이라고 선언했었습니다.[20] 그러던 그가 2008년의 조지아 침공, 2014년의 우크라이나 크름반도 점령, 그리고 2022년의 우크라이나 전면 침공 이후 유럽으로부터의 분리를 추구하기 시작했습니다.[21] 동시에 중국·북한 등 권위주의 국가들과의 관계를 강화하고 있습니다. 아프리카 사헬 지역에서는 미군·프랑스군이 철수한 빈자리에 러시아의 바그너 용병 그룹이 진출해서 현지 반정부 세력과 충돌하고 있습니다.[22] 신냉전은 반세기 전의 냉전적 풍경과 비슷합니다.

    중국이 전통적으로 9월 3일마다 열어 온 전승절 행사에서는 열병식이 치러집니다. 2015년에는 박근혜 대통령이 열병식 자리에 시진핑 및 푸틴과 나란히 서서 서방 세계에 충격을 주었고,[23] 그 후 사드가 한국에 배치되었습니다. 그로부터 10년 뒤인 2025년, 이번에는 북한의 김정은이 그 자리에 섰고, 여기에 인도의 모디 총리[24]까지 더하여 권위주의 정권들이 한자리에 모이

경북 성주군 사드 기지 앞의 반대 운동 천막. 2025년 5월

는 그림을 연출했습니다.[25]

2015년의 상황은 탈냉전이 끝나 가고 있음을 인식하지 못한 한국이, 탈냉전 시기의 안미경중이라는 전략을 관습적으로 이어 가다가 서방 세계로부터 경고를 받은 것이었습니다. 한편 2025년의 상황은 10년 사이에 신냉전 구도가 확립되었으며, 신냉전의 갈등 구도는 민주주의 대 공산주의가 아닌 권위주의 대 비권위주의의 대립이 될 것임을 보여 줍니다. 냉전 시기에 비동맹 외교를 대표했던 인도의 지도자가 열병식에 등장한 것이 이를 상징합니다.

그렇다면 이렇게 결집하고 있는 권위주의 정권들은 서방 세계 위주의 기존 질서를 뒤집을 만큼의 힘을 보여 주게 될까요? 이에 대해 어떤 판단을 내리는지가, 앞으로 독자 개개인이 자신의 미래를 설계하고 투자하는 데 큰 영향을 미칠 것입니다. 중국이나 러시아에서 사업을 이어갈 것인가, 북한과의 접경 지역인 경기 북부 및 강원도 북부의 각종 사업에 투자할 것인가[26] 등등 말이죠. 트럼프 2기의 미국이 서방 진영의 리더 자리를 내려놓는 듯한 액션을 취하고, 중국이나 러시아에 대한 태도를 명확히 정하지 못하면서, 이런 식으로 예측하는 사람들도 점점 늘어나고 있습니다.

브레진스키 선생이 『거대한 체스판』에서 말한 것처럼, 중국은 서방과의 긴밀한 관계를 통해 지금처럼 경제적으로 번영하게 되었습니다. 그렇기 때문에 "불안정하고 취약한 러시아와 전략적 운명을 같이"[27]하는 것은 중국의 경제적·지정학적 미래를 담보해 주지 못할 것입니다. 그래서 우크라이나를 침공한 러시아를 은밀히 지원하기는 하되, 공식적으로는 중립이라는 입장을 철회하지 않고 있습니다.[28] 나아가 러시아와 중국은 중앙아시아 등에서 헤게모니를 다투는 경쟁 국가이기도 하죠.[29]

이런 상황을 고려해서 트럼프 2기의 미국도 중국에 대한 강경 일변도의 입장은 보이지 않고 있습니다. 특히 반도체에 대해, AI 칩을 중국에 수출하지 않으면 결국 중국이 독자적인 AI 생태계를 조성할 것이고, 이것은 궁극적으로 미국에도 해를 끼칠 것이라는 주장을 엔비디아의 젠슨 황이 펼치고 있기도 합니다.[30]

젠슨 황이 우려하는 미래를 미리 보여 주는 것이 일본 과학계입니다. 20세기 전기에 일본에서 군국주의가 강화되자 일본은 서방 세계로부터 고립되었습니다. 일본 과학계도 세계 과학계로부터 고립되어 독자적인 연구를 지속할 수밖에 없었습니다. 2차대전에서 군국주의 일본이 패하면서 다시 세계 과학계와 연결되자, 그간 독자적으로 구축된 일본 과학계의 성과가 외부에 알려지게 되었죠. 1949년에 유카와 히데키가 노벨 물리학상을 수상한 것을 시작으로, 일본에서만 연구해서 2008년에 노벨 물리학상을 수상한 마스카와 도시히데에 이르기까지 그 영향은 21세기까지 이어지고 있습니다.[31]

중국 자체의 성장 동력에 대해서도 의문의 여지가 큽니다. 중국은 2023년에 인구에서 인도에 역전되었고,[32] 고령화도 빠른 속도로 진행되고 있습니다.[33] 따라서 앞으로 중국을 상대로 사업 등을 전개할 때는 신중에 신중을 기할 필요가 있을 것입니다. 중국에 대한 트럼프 2기 정부의 입장이 좌충우돌하고 있기 때문에 더욱 그러합니다. 특히 현대 미국의 핵심인 반도체와 관련해서는, 중국의 기술력이 미국과 대등해지거나 능가하는 상황을 미국이 절대로 용납하지 않으리라는 것을 대전제로 놓고 바라보아야 할 것입니다.

한편 전통적으로 공산주의를 중국에 가르쳐 주었다는 윗사람으로서의 입장을 가지고 있는 러시아로서도, 중국과의 항구적인 연합은 사실상 중국의 속국이 된다는 것을 뜻합니다. 최근 폭로된 러시아 연방보안국 비밀문서에서는 중국에 대한 러시아 당국의 강한 경계심이 다시금 확인되기도 했습니다.[34]

1856년의 제2차 아편전쟁 뒤에 맺어진 1860년의 베이징조약을 통해 청나라로부터 받아 낸 연해주 지역. 러시아는 이 지역에 대한 중국의 영향력이 커져서, 결국 중국이 러시아로부터 연해주를 다시 가져갈 수 있다는 경계심을 품고 있습니다.[35]

결론적으로 중국과 러시아의 동맹은 미국에 대한 증오에 기반한 "반패권 동맹"이며, 가난한 나라들 간의 동맹은 "상당 기간 집단적으로 빈곤한 수준을 벗어나지 못"할 것이라고 브레진스키 선생은 전망합니다.[36]

또한 인도는 그 스스로가 세계의 중심이라고 믿는 국가입니다. 제2차 세계대전을 거쳐 영국으로부터 독립한 뒤로, 어느 진영에도 속하지 않는 비동맹 운동을 주도해 왔습니다.[37] 중국과는 직접적으로 북부 국경에서 충돌하는 것은 물론이고, 동남아시아 및 남아시아 등에서도 패권 경쟁을 벌이고 있죠. 그 배후에는 남아시아·동남아시아의 상당 부분을 인도의 직·간접적인 영토로 간주하는 아칸드 바라트(Akhand bharat) 즉 '통일 인도'라는 사상이 있습니다.

이 아칸드 바라트 사상에서 인도의 영역으로 간주되는 곳 가운데 하나가 파키스탄입니다. 파키스탄과 인도는 제2차 세계대전 이후 분단 상태로 남북한 수준의 긴장 관계를 유지하고 있습니다. 이런 파키스탄에 대해 중국은 협조적인 관계를 유지하고 있습니다. 이 또한 인도가 중국과 항구적인 동맹 관계를 맺으리라는 예상을 하기 어렵게 만듭니다.

이 밖에도 튀르키예·사우디아라비아·브라질·인도네시아 등의 지역 강국들이 미국·유럽·중국·러시아 사이를 오가며 독자적인 플레이를 펼치고 있습니다. 이런 플레이어들의 움직임 역

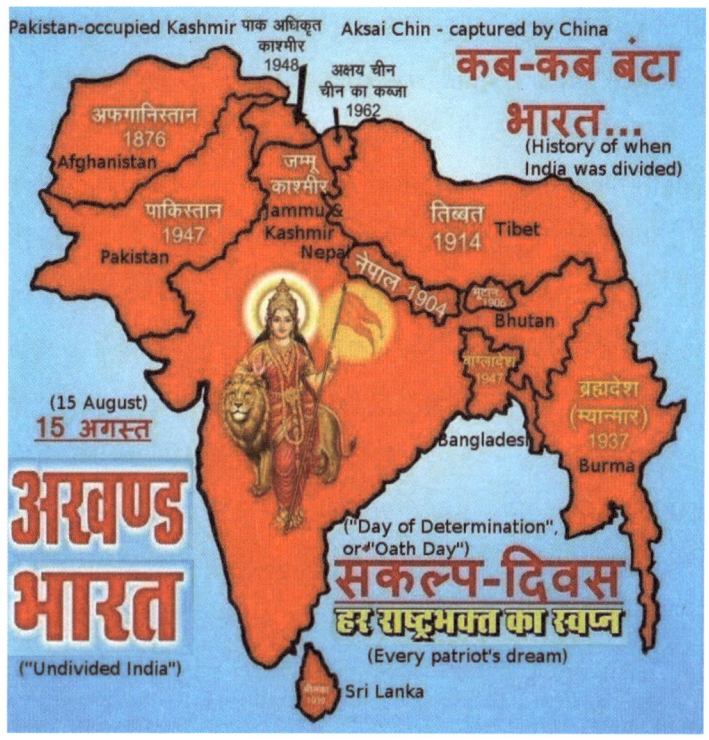

인도 민족주의 진영이 꿈꾸는 아칸드 바라트, 즉 통일 인도 구상

시 신냉전의 향방을 예측하기 어렵게 만듭니다. 그러므로 권위주의 정권들이 강고한 동맹을 이루어 미국 중심의 서방 세계를 압도하는 일은 당분간 일어나지 않을 것이라고 예측할 수 있습니다.

러시아-우크라이나 전쟁과 한국

우크라이나를 침공한 러시아는 북한군을 공식적으로 참전시켰습니다. 그리고 북한·중국·인도·이란이 러시아와 함께 새로운 세계 질서의 축에 자리할 것이라고 발언했습니다.[38]

러시아가 새로운 세계 질서의 축으로 지목한 북한은, 2024년에 한국을 교전국으로 선언했습니다.[39] "북한과 한국이 동족이라는 개념은 이미 우리 인식에서는 완전히 사라졌다는 사실을 한국이 알았으면 좋겠다"[40]고 유엔에서 공개적으로 발언하기도 했죠. 대한민국을 주적으로 선언한 북한은 후속 조치로서 장벽 설치,[41] 지뢰 설치,[42] 동해선·경의선 연결 철도 철거[43] 등을 진행하고 있습니다. 이것은 북한 측이 한국과의 "통일을 추구하지 않는다는 뜻을 밝히기 위"[44]한 액션으로 이해됩니다. 통일 또는 남북한 간의 평화로운 관계를 꿈꾸는 일부 한국 시민들에게는 찬물을 끼얹은 상황이 이어지고 있는 거죠.

한편, 2025년에 북한군이 러시아-우크라이나 전쟁에 참전하면서, 그 대가로 러시아가 핵잠수함을 비롯한 각종 고도화된 기술을 북한 측에 전수할 가능성이 제기되고 있습니다.[45] 이에 대응해 한국은 직간접적으로 우크라이나 측에 무기를 전달하고 있고, 나토 측은 이 이상의 지원도 환영한다는 입장을 밝히고 있습니다.[46] 2024년 현재 한국은 무기 수출국 순위에서 세계 9위까지 올라섰습니다.[47] 이것은 러시아-우크라이나 전쟁 특수에 의한 것입니다.

러시아의 우크라이나 침공은 단순히 지구 반대편에서 일어나고 있는, 한국과 관계없는 사건이 아닙니다. 민주주의 진영의 새로운 무기고[48]라고 불리는 한국, 특히 한국 동남권의 방위 벨

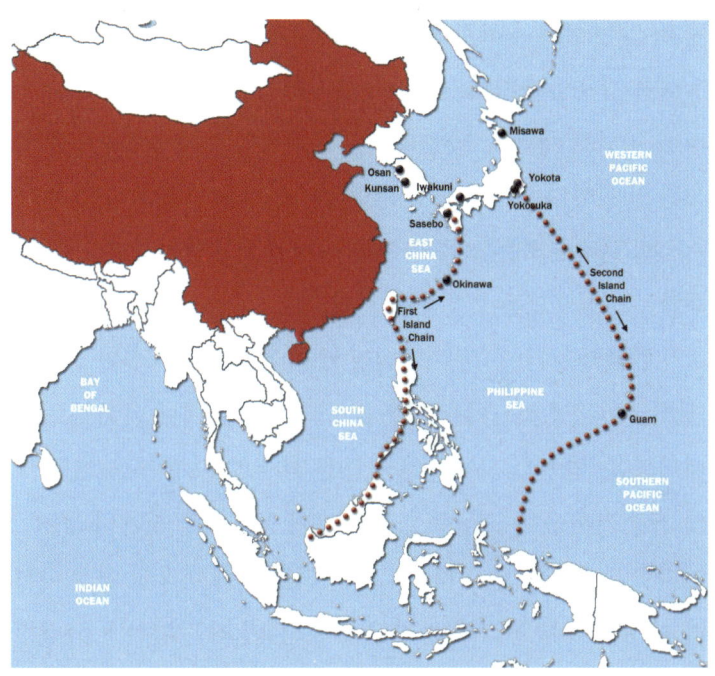

중국 해군의 태평양 진출을 억제하는 제1도련과 제2도련

트로서의 성격을 강화시키고 있는 사건입니다. 그중 한화그룹이 육·해·공 모두를 포괄하는 국제적 규모의 방산업체로 성장하고 있는 점이 주목됩니다.[49]

　미국에서는 바이든 대통령과 트럼프 대통령 모두 주한미군의 기능을, 북한으로부터 한국을 방어하는 것을 뛰어넘어 러시아·중화인민공화국에 대한 최전방 부대로 한층 높이려 하고 있습니다. 그리고 그 과정에서 한국·일본·타이완 등의 역내 국가들이 협력해서 미국의 부담을 덜어 줄 것을 기대하고 있죠.

　특히 주한미군 사령관은 한국을 "일본과 중국 본토 사이에 떠 있는 섬이나 고정된 항공모함"[50]이라고 칭하여 전략적 중요성을 강조했습니다. 물론 이 불침항모(Unsinkable aircraft carrier)라는 개념은 원래 타이완섬을 가리킨 개념이었음을 잊으면 안 됩니다.[51] 사실상 섬인 한국과 원래 섬인 타이완·일본이, 미국의 입장에서는 모두 권위주의 정권들의 태평양 진출을 봉쇄하는 불침항모들인 것입니다.

한국의 일각에서는 2차대전 때 미국과 전쟁을 벌인 일본을 왜 미국이 옹호하느냐는 의문을 드러냅니다. 이에 대해 트럼프 대통령은 "영원한 적이라는 개념을 믿지 않"으며 "오늘날 미국의 가장 가까운 친구들 중 일부는 과거 전쟁을 벌였던 나라들"[52]이라고 말한 바 있습니다. 2025년 2월 8일에 미국을 찾은 이시바 시게루 일본 총리와의 회담 중에는 "우리는 일본을 사랑한다"라고까지 말했죠.

물론 미국에서도 "일본은 악"이라고 지칭하며 일본과의 경제 협력에 부정적인 입장을 보이는 세력은 존재합니다.[53] 하지만 바이든 대통령 시기인 2021년의 진주만 공습 80주년에 미국 국방부가 "옛 적들이 이제 가장 가까운 친구가 되었다"[54]고 말한 것처럼, 권위주의 정권에 맞서 일본 등과의 동맹 관계를 강화하겠다는 미국 측의 입장은 여·야당을 불문하고 이어지고 있습니다.

미국이 일본과의 관계를 중시하는 건, 일본이 중국·북한에 맞서 미국의 이익을 지키는 최전선이라는 인식이 미국에 존재하기 때문입니다. 일본의 군사력은 "일본 대외 정책의 수단이라기보다는" 아시아 지역에 전개되어 있는 "미국 군사력의 연장"

이라는 것이 미국 측의 관점입니다.[55]

이러한 세계관에 입각하여 바이든과 트럼프 대통령 모두 일본 재무장을 촉구하고, 재정 부담과 국민 정서를 내세워 일본 정부가 이에 저항하는 일이 계속되고 있습니다. 이는 일본 재무장이 군국주의로의 회귀라는 한국 일각의 해석과는 달리, 일본의 재무장이 미국의 동북아시아 안보 구상하에서 이루어지는 것임을 보여 줍니다.[56]

현재 미국에서는 미국이 중국에 속았다는 목소리가 나오고 있습니다. 2024년 7월 10일에 나토 정상회담에서 채택된 '워싱턴 정상회의 선언'에서는 처음으로 중화인민공화국을 정면으로 비판하는 내용이 포함되었습니다. 바이든 미국 대통령은 미국-오스트레일리아-일본-인도의 쿼드(Quad)가 중화인민공화국에 맞서기 위한 모임임을 밝혔습니다.[57]

2025년 현재 트럼프 대통령은 중국에 대해 다소 일관성 없는 태도를 보이고 있습니다. 하지만 그의 무역 정책에 조언을 주는 피터 나바로[58] 같은 대중 강경파가 현재의 미국 정부 내에 다수 포진해 있습니다. 2기 트럼프 대통령 정부의 사상적 기반으로 간주되는 『프로젝트 2025』 등에서는 중국공산당이 "문명의 적"이고 중국은 "미국을 노리는 전체주의 적대국"[59]으로 표현되어 있습니다. 이처럼 미국의 대중 정책은 트럼프 1기-바이든-트럼프 2기를 통틀어 압박과 디커플링이라는 일관성을 유지하고 있다고 평가할 수 있습니다.

"지금은 한반도의 평화 통일을 생각하기에 가장 안 좋은 시기"

신냉전하의 동북아시아에서는 미국과 동맹국들의 연대가 강화되고 있습니다. 미국 정부는 러시아-중국-북한의 접근에 맞서 일본의 방위비 증강을 요구하는 등 일본의 군사 강국화를 밀어붙이고 있고, 미국 의회는 한국과 일본의 협력을 강화해야 한다는 결의안을 채택했습니다.[60] 미국 측에서는 한국과 일본의 정치인들이 두 나라의 역사적 관계를 이용해서 자신들의 지지율을 올린다는 불만을 노골적으로 드러내고 있습니다.[61] 2025년 8월의 한·미 정상회담에서도 트럼프 대통령이 "과거의 일 때문에 한국과 일본이 잘 지내기가 어려운가"[62]라고 직접적으로 문제 제기할 정도였죠.

최근 들어 한국·일본·타이완·오스트레일리아·필리핀 등을 하나의 전쟁 구역으로 설정하여 대응하는 '원 시어터(One Theater)' 구상이 제시되기 시작했습니다.[63] TSMC를 가진 타이완[64]은 AI 시대에 "가장 중요한 국가 중 하나"[65]라는 말을 젠슨 황이 한 적 있습니다. 한국과 일본은 미국으로부터, 이런 타이완의 상황에 대해서도 관여할 것을 요구받고 있습니다.[66] 러시아-우크라이나 전쟁은 물론, 중국과 타이완 간의 긴장 관계 역시 한국으로서는 강 건너 불구경이 아닙니다.

또 미국에서 공화당 트럼프 후보의 당선이 유력해지던 시기에, 북한의 위협에 맞서 한국의 자체 핵무장을 미국이 용인할 수도 있다는 소식도 들려왔습니다.[67] 이 책을 쓰고 있는 2025년

9월 시점에는, 미국 정부가 새로운 국가 방위 전략을 수립하면서 한국과 타이완을 아시아의 방어선에서 제외하는 대신 핵무장을 허용할 수도 있다는 루머가 흘러나오고 있습니다.[68]

미국이 반대하는 상황에서 한국이 핵무장하는 것은 있을 수 없는 일입니다. 하지만 미국의 우방국들인 한국·일본·타이완 등이 권위주의 국가들에 맞서는 차원에서 자체 핵무장하는 것을 미국이 용인한다는 시나리오는 실현 가능합니다. 미국 그 자체라 할 수 있는 반도체를 생산하는 미국의 동맹국들의 안전을 보장하면서도 미국이 예산을 투입하지 않을 수 있는 가장 좋은 방법이기 때문이죠. "칩 4 동맹(Chip 4 Alliance)"[69]이라 불리는 미국·한국·일본·타이완 4개국이 모두 핵무장을 해서 반도체 공급망의 안전을 지킨다는 미래는 비현실적이지 않습니다.

이상의 상황을 종합하면 2025~2026년은, 존 에버라드 전 북한 주재 영국 대사의 말처럼 "한반도의 평화 통일을 생각하기에 가장 안 좋은 시기"[70]입니다. 주식 시장의 추이를 개미투자자들이 바꿀 수 없는 것처럼, 한국 한 나라 또는 한국 일부 시민들만의 힘으로 국제 정세를 바꾸어서 대북·대중 관계를 크게 바꿀 수는 없습니다.

중국 자본에 휘둘리는 한국

중국·러시아·북한 등의 권위주의 정권들과 서방 진영의 대결이 본격화되면서, 이들 국가와의 교역을 통해 환서해 시대·환동해 시대를 열겠다는 구상은 위기에 처했습니다. 새만금 간척지의

중국 자본을 유치해서
건설하다가 중단된 인천 영종도
미단시티의 한 공사 현장.
2025년 5월

국토교통부에서 2009년 1월
20일에 발표한 '국내 최대 한중
합작 무안기업도시 본격 착수'
보도자료에 실린 위치도

개발 방향을 둘러싼 갈등, 그리고 동해안 항구 도시들의 위기 상황은 이를 보여 줍니다.

국제 정세의 이러한 변화에 민감하게 대응하지 못한 결과를 한국 사회 곳곳에서 확인할 수 있습니다. 제주도에 중국 자본이 유입되는 데 대한 타이완 언론의 비판이 얼마 전에 있었죠. 장기 체류와 영주권 비자를 얻기 위한 투자 금액이 다른 나라들에 비해 지나치게 낮다는 것이었습니다.[71] 지금도 제주도[72]나 인천 영종도[73] 등에서는 중국 자본이 개발하다가 방치한 시설물을 어렵지 않게 확인할 수 있습니다. 전라남도의 무안기업도시도 중국 자본이 투자하겠다고 했다가[74] 철회하는 바람에 무산되었습니다.[75] 중국 자본을 끌어들여 자기 지역을 개발하겠다는 행정·정치권의 구상이 얼마나 근시안적이고 위험한 것인지를 알 수 있습니다.

중국과의 교류에서 활로를 찾으려는 또 하나의 지역이 새만금 간척지입니다. 그 북쪽에 자리한 새만금산단도 한때는 중국 기업들의 진출에 기대감을 보였었습니다. 하지만 미국이 중국의 추격을 견제하기 위해 각종 규정을 강화하면서, 중국 기업들이 한중 합작 형태로 새만금산단에 진출하는 것을 주저하고 있죠.[76]

권위주의 진영과 서방 진영 사이에서 방향을 잡지 못하고 있는 한국의 현실. 이런 상황은 미·중 갈등 속에서 한국이 새우등 터지는 게 아닙니다. 세계 속에서 한국의 위상이 얼마나 커졌는지를 모르고, 신냉전이 왔는데도 예전 방식대로 눈치 보면서 실리만 취하려 한 결과입니다. 역사학자 티머시 스나이더가 말한 것처럼, 한국은 "존재감이 너무 커져 더 이상 다른 나라 뒤에 숨을 수 없"[77]습니다.

한국은, 몸은 청소년이 되었지만 정신은 여전히 어린이 수준에 머물러 있는 상태입니다. 자신의 힘과 국제적 위상이 얼마나 커졌는지를 모른 채, 여전히 약한 존재라고 착각하고 있습니다. 약하고 눈에 띄지 않는 존재이니 양쪽 눈치를 보면서 실리만 취해도 용서받으리라고 착각하고 있습니다. 하지만 이런 착각은 자기 자신뿐 아니라 주변에도 불행과 불편을 가져옵니다. 덩치 큰 어린아이가 자기 힘의 정도를 모르고 행동하면 주변 사람들에게 민폐를 끼치는 것과 마찬가지죠.

트럼프 1기-바이든-트럼프 2기로 이어지는 미국 정부의

재건축이 추진 중인 전남 여수 석유화학 사택 단지. 2024년 10월

정책은 한국의 산업 경관을 크게 바꾸고 있습니다. 트럼프의 취임 이후, 현대제철이 미국에는 공장을 짓고 인천 공장은 휴업에 들어갔습니다.[78] 포스코도 미국 공장 설치를 고려하면서 포항 공장은 위기에 처해 있죠. 포항은 철강에 더하여, 중국과의 경쟁 때문에 2차전지 사업까지 불황에 빠지는 바람에 지역의 미래가 불확실해진 상황입니다.[79] 석유화학업계도 트럼프표 관세와 중국과의 경쟁 구조 때문에 불황에 빠져서 여수·서산 등의 도시에서 위기감이 고조되고 있습니다.[80] 국제 정세를 이해하지 못하면 한국 도시의 미래를 올바로 예측할 수 없습니다.

기후 변화·기상 이변

국제 정세와 더불어 지구 차원의 기후 변화도 한국 도시에 영향을 미치고 있습니다.

2023년부터 7~8월만 되면 중부권에 집중 호우가 내려서 철도 운행이 중단되고 있습니다. 특히 영동선 영주역-동백산역 구간은 산비탈이 무너지면서 큰 피해를 입는 바람에 노선 폐지까지 예상될 정도였습니다만, 다행히 2024년 1월 8일에 운행이 재개되었습니다. 또 2024년 7월 10일 폭우 뒤에는 대전의 간선 교량인 유등교가 일부 붕괴되기도 했습니다.[81]

"올 여름이 우리 인생에서 가장 시원한 여름"이라는 말을 요즘 하고는 하죠. 기후 변화에 따른 기상 이변은 앞으로 심해지면 심해졌지 결코 나아질 일은 없습니다. 따라서 한국 도시의 미래를 예측하고 나의 삶을 설계할 때 기상 이변은 변수가 아닌 상

2023년 8월 집중 호우로 인한 산사태로 경북 봉화군의 영동선 철로가 유실된 현장. 류기윤 촬영

수로 봐야 합니다. 국가 차원에서는 앞서 소개한 것처럼 재해에 취약한 철도 구간을 바꾸는 등 인프라를 재건해야 합니다. 시민 개개인은 산사태 위험 지역을 숲세권이라고 포장하는 등의 상술을 가려낼 안목이 필요합니다.

    2025년 8월 13일 오전에 서울 및 경기 북서부에 폭우가 내려 수도권전철 3호선 화정역이 침수되었습니다. 이외에도 고양시의 근본적인 문제인 저지대 침수 현상도 곳곳에서 발생하는 바람에, 고양·파주가 고립되는 일이 있었습니다. 저는 마침 이날 서울에서 인터뷰가 있었는데, 자유로를 통한 이동도 불안했기 때문에 대심도로 운행하는 GTX-A를 이용하기로 했죠. 예상대로 GTX-A는 정상 운행하고 있었습니다. 만약 개통한 지 반년

2023년 이후 여름철마다 집중 호우가 반복되며 코레일 열차의 운행 중단 사태가 빚어지고 있습니다. 각각 2023년 7월 15일, 2024년 7월 10일, 2025년 7월 18일의 열차 운행 조정 안내문

2 국제 정세·기후 변화   73

폭우로 새어 든 빗물에 흥건히 젖은 GTX-A 킨텍스역사 내부. 2025년 8월

GTX-A 서울역사의 에스컬레이터 고장 알림. 2025년 6월

밖에 지나지 않은 GTX-A 북쪽 구간이 이 정도의 폭우에 운행을 정지했다면 큰일이었겠죠.

하지만 제가 GTX-A를 타기 위해 들어선 킨텍스역에 물이 새고 있더군요. 2024년 12월 말에 개업한 GTX-A 서울역에서는 불과 반년 뒤인 2025년 6월에 1호선으로 환승하는 에스컬레이터가 고장 난 현장도 확인했습니다. 개업한 지 1년 정도밖에 안 되는 GTX-A가 벌써부터 이렇게 삐걱대고 있어서, 미래에 GTX-A의 남북 단절 구간이 연결되고 창릉신도시가 완성되어 이용객이 급증한 뒤가 우려됩니다. 이런 문제에 대응하기 위해서는 교통 요금을 현실화할 필요가 있겠지만, 한국은 교통 요금을 인상하는 것이 대단히 어려운 나라입니다.

한편 2022년 중부권 폭우 사태 이후 서울시는 강남역·광화문·도림천 인근에 대심도 빗물 배수 터널을 추가로 설치하려 하고 있습니다. 하지만 2025년 10월 착공 후 2029년 준공을 목표로 하고 있어서,[82] 앞으로도 한동안은 침수 사태가 이어질 것으로 예상됩니다.

2025년 봄에 경상남·북도에서 발생한 대규모 산불 역시, 기후 변화가 시민 개개인의 삶에 큰 영향을 미치고 있음을 증명했습니다.

이 산불은 환경 보호를 명분으로 임도(林道) 건설[83]에 반대하고, 소나무가 민족 정기를 담은 나무라는 이념적인 이유[84]에서 활엽수 대신 산불에 취약한 소나무를 심어 온 탓도 있습니다.[85]

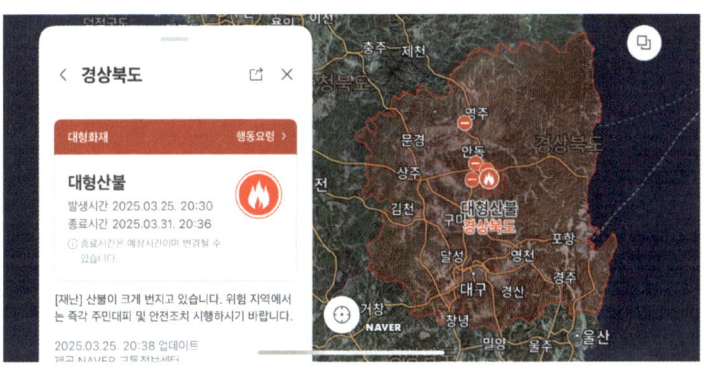

2025년 3월의 경북 산불 상황을 보여 주는 네이버 지도 화면

2 국제 정세·기후 변화　　75

농산어촌의 일부 고령층이 폐기물을 처리할 때 불로 태우는 습관,[86] 건조기에 이루어지는 성묘 문화,[87] 그리고 등산객이 산에서 담배를 피우는 것을 대수롭지 않게 여기는 인식 등도 모두 이번 산불의 원인이었습니다.

앞으로 귀촌 대상지를 고를 때는 산불, 그리고 해안 침식 등의 기상 이변에 대응이 가능한 지역을 선택하는 경향이 강해질 것입니다. 반대로 산불에 취약한 지역은 귀농·귀촌 대상에서 제외되는 경향이 강해져서 인구 감소가 심해지겠죠.[88] 2025년 봄 산불 당시, 귀촌한 프리랜서 사진작가께서 그간 촬영한 사진이 담긴 카메라를 잃어버린 사례가 알려져서 안타까움을 샀습니다.[89] 한국은 지진이 많이 일어나지 않다 보니, 다른 나라들에 비하면 집을 지을 때 재난 대비에 신경을 덜 쓰는 경향이 있었습니다. 앞으로 산불 취약 지역에 집을 지을 때는 방화 설계에 유의할 필요가 있습니다. 2025년 봄에 대형 산불이 일어난 미국 로스앤젤레스에서, 건축 당시부터 방화 설비를 잘 갖춘 건물이 잿더미 속에 홀로 버텨서 세계적으로 화제가 된 적이 있습니다.[90]

기상 이변이 심해지면 심해질수록, 재난 취약 지역에서 거주하는 데에는 점점 더 큰 비용이 들게 될 겁니다. 개인적으로는 재난 취약 지역을 피할 필요가 있고, 지속적으로 산불·홍수 등의 피해를 입는 마을은 국가 차원에서 집단 이주를 추진할 필요도 있을 겁니다.

3
인구·산업

교외 택지 개발이 지방 소멸을 부른다

요즘 들어 정치·행정계나 언론에서 구도심의 인구 감소와 빈집 문제를 언급하는 경우가 늘고 있습니다. 그리고 그 대안으로 도시 재생 사업을 거론하는 경우도 있습니다.

예를 들어 2023년 7월에 모 언론에서는 도시 재생 사업 덕분에 공주시의 인구가 늘어나기 시작했다는 기사를 내보냈습니다. 이 기사가 공개되기 한 달 전인 2023년 6월의 공주시 인구는 10만 2753명으로, 1년 전에 비해 182명이 늘어났다는 것이었죠.[1] 하지만 당시 공주시나 언론사의 예측과는 달리, 그 후 공주시의 인구는 도로 줄어서 2025년 10월 말 현재는 10만 379명으로 줄었습니다.[2] 2년 전에 비해 2천 명 이상 줄어든 거죠.

"도시 재생은 느리게 하는 재개발이다"라는 부동산업계의 말이 있습니다. 그 지역의 하드웨어를 그대로 둔 채로 소프트웨어를 손대는 것만으로는 인구를 늘릴 수 없습니다. 지난 10여 년

강원도청이 옮겨 올 춘천시 동내면 고은리. 2025년 7월

간 이야기되던 방식의 도시 재생이 가능한 지역은, 남산 고도지구 등의 규제가 적용되어 재건축·재개발이 불가능한 서울의 해방촌 같은 곳들뿐입니다. 2007년에 뉴타운 사업이 실패한 뒤 도시 재생 지역으로 선정되어 한때 주목받았던 서울 종로구 창신동 봉제거리도, 결국 2022년부터 다시 정비 사업이 시작되었습니다.[3]

    구도심이 쇠락하는 것은, 도시 외곽에 택지를 개발하고, 구도심에 땅이나 건물을 가진 사람들이 기존의 높은 판매가·임대료를 내리지 않은 탓도 있습니다. 강원도 춘천의 경우는, 시내에 자리한 강원도청을 춘천 외곽으로 옮기기로 하면서 구도심 상권의 위기감이 커지고 있습니다.[4]

전남도청 소재지인 목포의 경우는 하당지구 택지, 그리고 남악·오룡 도청 신도시를 개발하면서 목포역 주변의 구도심 인구가 줄고 상권이 쇠락하는 문제가 발생하고 있습니다. 이에 대해 목포MBC에서는 2024년 '목원동 로그'라는 제목으로, 외곽 택지 개발과 구도심 인구 감소, 빈집 문제에서 생활인구 문제까지 폭넓게 다룬 바 있습니다.[5] 이 시리즈에서 다룬 내용들은 전국 다른 지역들에도 적용되는 내용이니 유튜브에서 검색해 보시면 참고가 될 겁니다.

이런 지역 내부의 요인을 무시하고 "수도권이 인구를 흡수한다"라고만 비판하는 것은, 지역 내의 문제에 대한 비판을 꺼리는 분위기에서 비롯된 것이기도 합니다. 물론 수도권 인구 집중 현상은 존재합니다. 하지만 수도권 인구 집중이 원인의 전부는 아닙니다.

정치권과 행정에서는 이러한 문제의 핵심을 건드리는 대신, 근본적으로 잘못된 접근을 하고 있습니다. 행정안전부는 MBTI로 인구 감소 대책을 세우겠다고 하고,[6] 일부 국책 연구 기관에서는 가임기 여성을 둘러싼 "백색 음모"[7] 수준의 접근이 제안되기도 했습니다.[8] 이런 생각들을 하고 있으니 제대로 된 접근이 불가능한 것이지요. 민간에서 MBTI로 부동산 투자 스타일을 추천한다는 식의 주장을 펼치는 것은 어쩔 수 없다고 해도,[9] 국가기관이 미신을 조장하면 안 되죠.

2024년에 일본 정부도, 도쿄에 거주하는 여성이 결혼하며 타 지역으로 이주하면 지원금을 주겠다는 정책을 발표했다가 거센 비난을 받은 일이 있었습니다.[10] 이쯤 되면, 동북아시아 국가들은 인구 문제에 대해 모두 단단히 착각을 하고 있는 게 아닌가 하는 의심을 하게 됩니다.

최근 고소득 정규직을 고용하는 회사 및 공무원·공공기관에서는 남성 육아 휴직이 늘어나고 있습니다. 이에 대해, 가정보다는 일이 우선이라는 기존 관념을 가진 상급자들로부터 반발이 나오기도 합니다.[11] 이런 반발은 물론 시대착오적이죠. 하지만 다른 한편으로 이 제도는, 정규직·비정규직 등의 고용 형태에 따라 출산율에 차이가 생기는 현재 상황을 심화시킬 가능성이 있습니다. 한국의 각종 직장 복지는 고용 인원 5인을 기준으로 양분되어 있습니다. 남성 육아 휴직 제도가 일부 대기업·정부·지자체·공공기관을 넘어서서 사회 전반으로 확산될 수 있을지 지켜볼 필요가 있습니다.

각 지자체의 인구 감소와 지방 소멸을 주장하는 정치인들이, 막상 서울이나 주요 대도시에 자가를 두고 있는 경우가 있어서 비판받기도 합니다.[12] 본인들은 인구 소멸 위험 지역에 집을 갖고 있지 않으면서 다른 사람들보고 와서 살라고 하니, 그들의 말에 설득력이 있을 리가 없죠. 지역에 뿌리내리고 성장한 정치인을 배제하고, 지역에 기반이 없는 유명인·법조인을 지역에 공천해 온 정치 문화도 이런 문제를 심화시켰습니다.

한편, 대구·대전·광주는 장기간에 걸쳐 서서히 인구가 감소하고 있는 광역시들입니다. 그러나 이들 도시는 인구 감소를 인정하지 않고 외곽 택지 개발을 계속하고 있습니다. 현재 한국 제

2위·제3위 인구의 도시라는 자리를 두고 부산과 인천이 경쟁하고 있습니다. 이런 상황에서 대구[13]와 광주[14]는 자기 도시가 한국 제3의 도시라는 주장을 계속하고 있습니다. 인구가 줄어들고 도시 규모가 줄어든다는 전제하에 도시 계획을 세우는 것이 한국 도시의 미래입니다. 하지만 이들 도시에서 그런 위기의식을 찾아보기는 어렵습니다.[15]

난개발, 반도체, 초고층 빌딩

용인시는 난개발로 유명한 지자체입니다. 시가 스스로 난개발 백서를 제작해서 자아 성찰했을 정도죠.[16] 하지만 반도체 경기가 활발해지면서 인구가 늘자, 용인시는 난개발 문제를 품은 채 광역시급 도시로의 도약을 준비하기 시작했습니다.[17] 다른 지역에서는 인구 감소와 지방 소멸이 이야기되는 가운데, 특례시를 넘어 광역시를 꿈꿀 정도로 행복한 비명을 지르는 용인시.

하지만 난개발을 해결하지 않은 채로 인구만 늘어났을 때 심각한 도시 문제가 발생한다는 사실을, 서울·부산을 비롯한 여러 대도시가 이미 증명해 왔습니다. 2022년 8월에 집중 호우가 내렸을 때, 난개발이 심각한 수지구 동천동이 큰 피해를 입어 특별재난지역으로 지정되기도 했습니다.[18] 더 큰 피해가 생기기 전에 용인시는 난개발 지역의 환경을 조금이라도 안전하게 정비할 필요가 있을 겁니다. 그리고 시민들은 자신이 거주하고 있거나 거주할 지역의 재해 이력과 재해 대비 상황을 꼼꼼히 조사해야 생명과 재산을 지킬 수 있습니다.

주말 밤에도 공사가 한창인
경기 용인시 SK하이닉스
공장 건설 현장. 2025년 8월

용인 처인구 이동읍에 내걸린
경기 남부 반도체 클러스터 건설
반대 현수막. 2025년 8월

반도체 클러스터 반대 운동이
한창인 용인 처인구 남사읍의
한 마을. 2025년 4월

반도체 클러스터 건설 계획으로
미분양이 소진된 용인 처인구의
아파트 단지. 2025년 7월

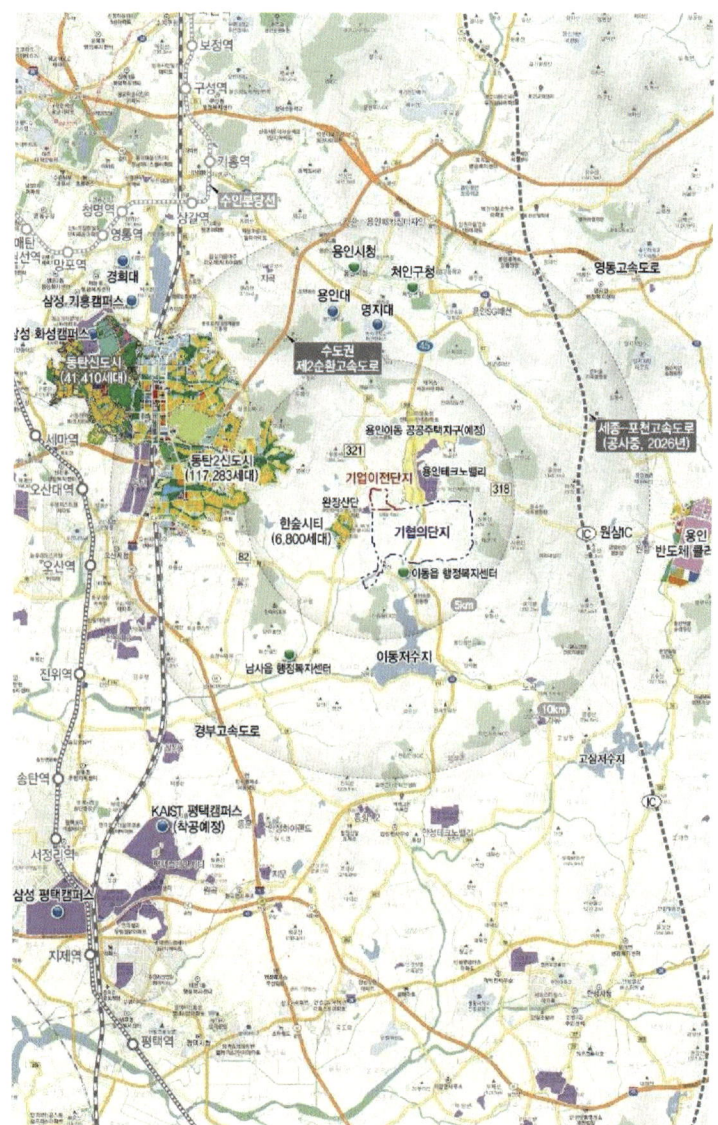

용인 반도체 클러스터 조성의 환경 영향 평가 보고서에 실린 사업 지구 위치도. LH가 2025년 5월 작성한「용인 첨단시스템반도체 클러스터 국가산업단지 조성사업 환경영향평가 및 기후변화영향평가(재협의) [평가항목범위 등의 결정내용]」에 수록

현재 용인시 처인구 원삼면의 SK하이닉스 건설 현장에서는, 2027년에 1기 팹을 준공한다는 목표[19]로 주중·주말도 주간·야간도 가리지 않고 공사가 진행되고 있습니다. 또 처인구 이동·남사읍에 들어설 삼성전자도 2026년에 착공한다고 하죠.[20] 이들 지역 주변에는 현재 토지·아파트 광고가 넘쳐 나고 있습니다. 그동안 미분양 상태였던 인근 아파트 단지들도 반도체 호재 덕분에 미분양을 해소했고,[21] 신규 단지들도 추가로 건설되기 시작했습니다.

이렇듯 도농 복합 도시인 용인시의 동부 농촌 지대인 처인구에서는 반도체 특수에 대한 기대감이 높아져 있습니다. 하지만 반도체 공장들이 들어섰을 때, 이로 인한 발전의 혜택이 온전히 용인시 처인구에만 주어지라는 보장은 없습니다. 인접한 화성시 동탄신도시가 특히 그 혜택을 입을 가능성이 큽니다.[22] 교육을 비롯한 각종 인프라가 이미 갖추어져 있기 때문이죠. 두 지역을 잇는 남사터널이 뚫릴 것인지에 주목하는 이유입니다.

마지막으로 반도체 산업에 기반해서 도시의 규모를 키우겠다는 전략은, 반도체 산업의 부침에 따라 도시의 운명이 좌우된다는 근본적인 문제를 안고 있습니다. 삼성전자 평택캠퍼스가 자리한 평택시도 2040년까지 인구 1백만 명을 넘기겠다는 비전을 제시하고 있지만,[23] 현실은 삼성전자의 불황에 따라 세수 결손이 발생하여 재정난을 겪고 있습니다.[24]

한편 여러 도시와 기업이 초고층 빌딩을 짓겠다고 주장하다가는 중단하는 상황이 거듭되고 있습니다. 서울의 경우, 롯데

반도체 클러스터 개발에 따른 직접적인 수혜 지역은
용인 처인구가 아닌 화성 동탄이 될 것으로 보입니다.

남사터널이 뚫리면 반도체 클러스터의 수혜를 받게 될 화성 동탄 신동 지역. 2025년 4월

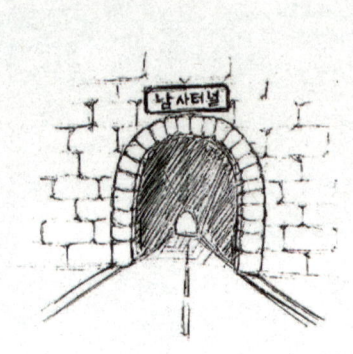

남사터널을 뚫어서 동탄 개발을 촉진하자는 주장을 담은,
2024년 총선 당시 이준석 경기도 화성을 국회의원 후보의 선거 공보물.

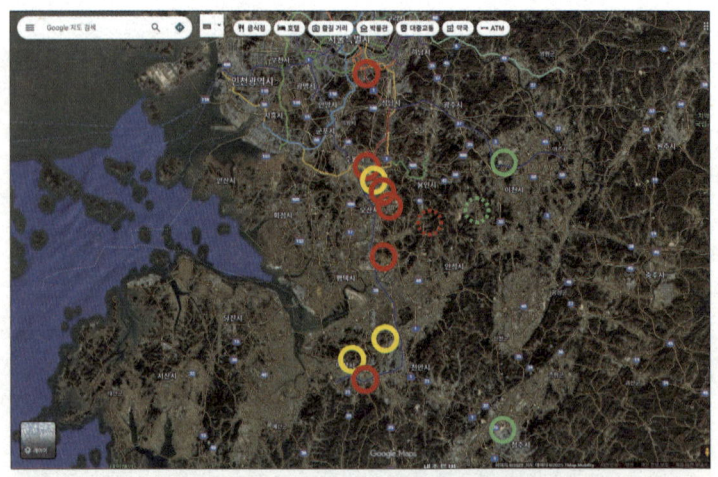

확장 강남의 전개 양상. 붉은 원은 삼성전자,
노란 원은 삼성디스플레이, 녹색 원은 SK하이닉스 사업장입니다.

현대자동차그룹 사옥이 들어설 서울 강남구의 옛 한국전력 본사 터. 2021년 8월

인천 청라시티타워 부지. 2025년 4월

초고층 빌딩이 지어진다고 하는 전주 대한방직 부지. 2025년 4월 정승운 촬영

그룹은 성공했고 삼성과 현대자동차그룹은 실패했으며 상암에서는 아직도 착공이 이루어지지 못하고 있습니다.[25] 서울 용산정비창구역에 세운다고 하는 초고층 빌딩도 신중하게 그 추이를 지켜볼 필요가 있습니다.[26]

사업성이 상대적으로 높은 서울도 이런데, 서울이 아닌 인천의 청라·송도, 부산, 전주[27] 등에서 초고층 빌딩을 세운다는 계획은 더욱 신중하게 지켜볼 필요가 있겠죠. 특히 사업을 둘러싸고 각종 논란이 발생한 경우에는 투자 및 실거주에 유의할 필요가 있습니다.

다인종 국가 한국

"한국은 다인종 국가가 되어야 하는가"라는 질문을 던지는 사람들이 있습니다. 그에 대한 저의 대답은 "한국은 이미 다인종 국가다. 문제는 그 사실을 인정하는가 아닌가의 여부다"입니다. 다인종 국가로서의 한국의 현실은 농산어촌에서도, 한국 유수의 공업도시에서도 쉽게 확인할 수 있습니다.

농산어촌에서는 외국인 노동자들을 "목숨줄"[28]이라 부를 정도로 이들의 노동력에 의존하고 있습니다. 예를 들어 2025년 5월에 경상남도 창녕군을 답사했을 때, 마침 마늘 수확이 시작되었는지 곳곳의 밭에서 마늘 캐는 노동자들을 보았습니다. 타지에서 이들을 태워 온 듯한 인력 회사들의 버스도 창녕군 곳곳에 주차돼 있었습니다.

그런데 인력 회사들 버스가 주차돼 있는 주차장의 한편에

"법무부 니가 캐줄끼가"라는 플래카드가 걸려 있었습니다. "사람은 못 구하고 단속만 하나! 마늘밭은 울고 있다!"라든지 "걱정이 태산이다! 농사꾼은 뭐하노! 공들여 키운 마늘 수확 못 하여 우짜노!" 같은 격렬한 문구를 담은 플래카드들도 창녕군 곳곳에서 확인되었습니다.

경남 창녕군의 마늘 수확 현장. 2025년 5월
법무부의 불법 체류 단속에 항의하는 내용을 담은 현수막이 창녕에 내걸려 있었습니다. 2025년 5월

이곳의 농민들이 무엇에 분노하고 있는가 하는 의문은, 읍내 외곽에 걸려 있는 플래카드에서 풀렸습니다. "C3(관광·여행) 비자 외국 입국자 단속 일시 정지 요구." 단기 비자로 한국에 입국해서 원래 목적과 달리 한국 농촌에서 농작물의 재배 및 수확에 종사하는 외국인에 대한 법무부의 단속을 느슨하게 해달라는 것이었습니다.[29] 불법을 용인해 달라는 요구지만, 이렇게 단기 체류하는 외국인 노동자들이 없으면 한국의 농촌이 굴러가지 않는 현실을 보여 주고 있었습니다.

또, 우주항공청을 유치한 경상남도 사천시에서 어떤 변화가 일어나는지 보기 위해 답사했을 때, 정촌산단에 자리한 식당에 들어간 적이 있습니다. 식당은 노부부 두 분이 운영하고 있었는데, 주문을 하니 로봇이 음식을 가져다주더군요. 음식을 먹고 식당 밖으로 나오니, 사천에서 일하는 외국인 노동자들에게 한국어 및 정보화 교육을 실시한다는 플래카드가 걸려 있었습니다. 이 식당에 찾아오는 외국인 노동자들을 대상으로 한 플래카드 같았습니다. 산업단지에서는 외국인 노동자들이 일하고 있고, 이들이 찾는 식당에서는 인건비가 올라서 사람 대신 로봇을 쓰는 현실.

이런 상황은 한국뿐 아니라 대부분의 선진국에서 확인되는 현상입니다. 미국에서도 등록·미등록 이민자들이 농업뿐 아니라 IT 업계를 비롯한 미국 사회 전반을 떠받치고 있습니다.[30] 이런 현실에 분노한 시민들이 트럼프 2기 정부를 탄생시켰죠.[31] 이런 현실과 분노가 충돌한 것이, 지난 2025년 9월 4일 미국 조지

아주 자동차 배터리 공장 건설 현장에서 한국인 3백여 명을 포함한 475명이 체포된 사건이었습니다.[32]

트럼프 2기 정부의 외국 투자 장려와 이민 단속이라는 두 개의 정책이 충돌한 이 사건에서 막판에 트럼프 대통령이 유화적인 입장을 보인 것은, 자기 나라에서 일하는 외국인들을 둘러싼 이념과 현실의 충돌이 앞으로도 계속될 것임을 암시합니다. 농업이나 호텔 등 이민자를 필요로 하는 분야에서 단속 정책이 일관성을 보이지 않는 것도 마찬가지의 징후입니다.

경남 사천시 정촌산단 인근 식당의 서빙 로봇. 2025년 9월

사천 정촌산단 인근 식당 앞에 게시된 외국인 노동자 대상 교육 안내 현수막. 2025년 9월

강원 홍천군 내면 하나로마트 안의 외국 식료품 진열대. 2024년 9월 서애진 촬영

한국도 농업·중소기업·건설 등 다양한 분야가 이미 이민자 없이 돌아가지 않는 것이 현실입니다. 대도시의 핵심 지역에 거주하는 중상위층 시민들만 이런 현실을 모르면서 정책을 입안하고 지지하다 보니, 외국인 정책이 점점 현실과 괴리되고 있습니다.[33]

단기 체류부터 영구 이민에 이르기까지 외국인을 받아들여 국가의 활력을 유지하려는 경쟁은 전 세계적으로 일어나고 있습니다. 이민 경쟁의 대상이 되는 외국인은 첨단 산업의 고급 인력뿐만이 아닙니다. 이런 국제적인 이민 유입 경쟁에 대한 인식과 절박함이, 한국 사회의 핵심에 자리한 시민들에게는 부족합

니다.

『한국 도시의 미래』에서 말씀드린 것처럼, 새만금에서 열린 잼버리 대회 때에는 비건·할랄 음식을 제대로 제공하지 못한 것도 국제적으로 큰 문제가 되었습니다. 또, 현재 한국의 대학들 가운데에는 외국인 유학생이 없으면 제대로 운영되지 않는 곳이 많습니다. 그럼에도 불구하고 그들이 그들 문화에 맞게 먹을 수 있는 식사를 제공하거나 조리할 수 있는 공간을 제공하지 않는 문제가 곳곳에서 있습니다.[34] 자기 돈 내고 자발적으로 한국을 찾아와 한국 사회에 기여하고 있는 외국인들에게 음식 하나 제

가톨릭 신자인 외국인 노동자들이 찾아와 가꾸고 있는 화성시 향남성당 수직리공소. 2025년 3월

당진시 현대제철이 바라보이는 화성시 고운항에서
즐거운 한때를 보내고 있는 외국인 노동자들. 2025년 8월

대로 제공하지 못하는 상황에서, 외국인을 대규모로 받아들여 인구 감소와 지방 소멸을 저지하는 것은 불가능합니다.

2025년 5월에 외국인 노동자들을 학대한 돼지 농장의 주인이 구속된 일이 있었죠.[35] 관광 비자로 들어와 불법 체류 상태로 일하는 외국인이 없으면 농사를 제대로 짓지 못하는 것이 현실입니다. 그런데도 일하러 한국에 와준 외국인 노동자들을 폭행하고 죽음으로 내모는 일이 끊이지 않으니, 한국은 아직도 갈 길이 멉니다.

농산어촌뿐 아니라, 인구 1백만을 넘은 한국 유수의 공업 도시인 경기도 화성시에서도 외국인 이민자들의 존재는 쉽게 확인할 수 있습니다. 2024년 6월 24일의 화성 서신면 아리셀 화재에서는 사망자 22명 가운데 20명이 외국인 노동자였죠.[36] 외국인 인력이 없으면 공장을 가동할 수 없는 다인종 국가 한국의 현실을 드러낸 사건이었습니다.

화성시라고 하면 동탄이 유명하지만, 화성시는 공장부터 염전까지 있는 도농 복합 도시입니다. 화성의 다양한 산업을 외국인 노동자들이 떠받치고 있습니다. 화성 서부의 중심지인 향남읍·우정읍에서 확인한 다인종 국가 한국의 풍경을 『문헌학자의 현대 한국 답사기』에서 소개한 바 있습니다.

전력·물 부족이 초래하는 산업 위기

반도체·AI 등의 새로운 산업이 부상하면서[37] 전력·물 문제가 점점 중요해지고 있습니다.[38]

전력 문제에 대응하기 위해, 풍력·태양광뿐 아니라 원자력과 천연가스를 이용한 발전도 안보적 측면에서 재평가 받고 있습니다. 젠슨 황 엔비디아 CEO는 탈원전 정책을 취하는 타이완 정부에 대해, 원자력을 배제하면 안 된다고 공개적으로 제언하기도 했습니다.[39] 2025년의 대통령 선거에서 주요 정당 후보들이 모두 원자력 발전을 원천적으로 배제하지 않은 것은 고무적이었습니다.[40]

최근 경기 남부의 반도체 클러스터가 주목받고 있습니다. 그런데 반도체 공장은 건물만 지으면 끝나는 게 아니라, 공장을 가동하기 위해 어마어마한 양의 전기와 물이 필요합니다. SK하이닉스가 2027년에 완공할 예정인 1호 공장만 해도 원자력 발전소 3기에 해당하는 3기가와트 전력이 필요합니다.[41] 발전소뿐

강원 영월군 산솔면 녹전리의 그리드(고압 송전망). 2024년 6월

전남 무주군에서 확인한 송전탑 설치 반대 현수막. 2025년 8월

서해대교 근처의 345킬로볼트급 북당진-신탕정 송전 선로. 2025년 8월●

아니라 고압 송전망 즉 그리드도 갖추어져야 한다는 거죠.

한국 화력 발전소의 절반이 자리한 충청남도는 경기 남부의 반도체 클러스터를 운영하는 데 필수적인 그리드를 갖추고 있습니다.[42] 제가 만난 충남의 모 인사는 이런 점에서 충남이 경기도의 "슈퍼 을"이라고 말하더군요. 반면 충청남도 이외의 지역들에서는 그리드 공사가 한없이 늦춰지고 있습니다.[43] 전기를 보내는 그리드가 갖춰지지 않다 보니, 동해안 지역의 발전소들은 전기를 더 생산할 수 있음에도 불구하고 가동률을 떨어뜨려야 해서 적자에 시달리고 있습니다.[44]

고압 송전탑이 건설되는 지역의 시민들은 "수도권만 국민이냐 농촌도 국민이다", "지방이 서울의 식민지냐"[45] 같은 격한 반응을 보이며 반대하고 있죠. 대도시에서는 전선 지중화 사업을 하면서 농산어촌에는 고압 송전탑을 세우고 있으니, 이들 지역의 시민들이 불만을 품는 것은 당연합니다.[46]

하지만 2012년 밀양에서 고압 송전탑 건설을 둘러싸고 격한 충돌이 발생한 이래,[47] 한국의 중앙 정부와 정치인들은 이 문제에서 사실상 손을 뗀 것 같은 모습을 보입니다.[48] 이런 모습을 보면서 저는, 1989년에 1기 신도시를 조성하던 때의 상황을 떠올립니다.

당시 경기도 고양의 일산신도시 건설이 예정된 지역의 시민들은 "조상이 물려준 기름진 문전옥답 도시 중산층놈 잠자리가 될 수 없다"라며 격렬히 저항했습니다.[49] 일산신도시 건설 때와 고압 송전탑 그리드 건설 때의 차이는, 전자는 정부가 적극적으로 대응했지만 후자는 책임지고 사업을 추진하려는 주체가 잘 보이지 않는다는 것입니다.

밀양의 765킬로볼트 송전탑이 결국 완공된 것처럼, 앞으로도 현지 시민들의 반발을 진압하고 송전탑을 세우는 것이 가능할 수는 있습니다. 하지만 송전탑을 세울 때마다 극한 대립이 일어나는 지금의 사업 추진 방식이 얼마나 지속 가능할지는 의문입니다. 대도시에서는 전선 지중화 사업을 추진하면서 농산어촌에는 발전소를 짓고 고압 송전탑을 세우는 것은 차별적인 행정입니다.

단순히 윤리적인 관점에서의 문제뿐 아니라, 이런 차별적 행정이 이루어진다는 사실을 점점 더 많은 시민들이 알아채면서, 미래 한국 산업의 핵심인 그리드 산업을 추진하는 것이 점

강원 화천군 상서면 봉오리에 내걸린 태양광 발전소 반대 현수막. 2018년 7월
전남 고흥군의 폐채석장에 설치된 대규모 태양광 패널. 2023년 10월

점 더 어려워지고 있다는 것도 큰 문제입니다. 그리드 설치에 반대하는 지역 주민들에게 지금까지처럼 국가를 위해 희생하라고 요구할 게 아니라, 대안을 마련해 주어야 합니다. 서해안 전력 고속도로 등의 제안도 나오고 있지만, 가까운 미래에 실현되기 어려운 것이 현실입니다.[50]

재생 에너지로서 선호되는 태양광 발전도, 태양광 패널을

건설하는 문제로 전국 곳곳의 농산어촌에서 갈등을 빚고 있습니다. 마을 뒤편의 경사지에 태양광 패널을 설치했다가, 기상 이변으로 인해 여름 폭우와 산사태가 점차 빈발하면서 태양광 패널이 무너져 마을이 피해를 입을 가능성이 높아지고 있습니다. 또 태양광 관련 비리도 전국에서 잇따라 발생하면서, 이 사업에 대한 신뢰도가 많이 떨어진 상태이기도 합니다.

이처럼 그리드 설치를 둘러싼 문제들이 존재하고, 이를 해결할 정치적 역량이 한국의 행정·정치권에 아직 남아 있는지조차 의심되기 때문에, 저는 과연 용인의 SK하이닉스와 삼성전자 반도체 공장이 중장기적으로 정상 가동될 것인가에 의문이 있습니다.

한국의 핵심 산업인 경기 서남부의 반도체 산업조차 그리드 문제에 시달리는 것이 현실이다 보니, 상대적으로 중요도가 낮은 다른 지역의 전기 수요는 후순위로 밀리고 있습니다. 예를 들어, 고양시 일산의 CJ라이브시티 구상은 전력 공급 경쟁에서 경기 남부 반도체 클러스터에 밀려 결국 좌초되었습니다.[51] 경기도는 CJ가 손 뗀 사업 부지에 경제자유구역을 건설한다고 합니다.[52] 하지만 민간 기업 대신 지자체가 사업을 추진한다고 해서, 부족한 전기가 어딘가에서 갑자기 생기지 않습니다.

반도체 클러스터가 조성될 경기도 동남부 지역의 주민들은 반도체 산업이 가져다줄 혜택을 바라기 전에, 특히 전력 문제에서 발전소·고압 송전탑 등을 감당해야 한다는 사실을 자각할 필요가 있습니다. 예를 들어 "청주의 강남"이라 불리는 지웰시티

고양시 일산의 CJ라이브시티 사업 취소에 반대하는 내용을 담은 현수막. 2024년 11월

바로 옆에 SK하이닉스를 위한 고압 송전탑들이 설치되어 있습니다. 충청북도와 청주시는 SK하이닉스가 청주 공장 옆에 LNG 발전소를 함께 짓는 것을 허가했고,[53] 테크노폴리스에 신청주변전소도 짓고 있죠. SK하이닉스가 청주 사업장의 용수 공급 문제를 우려하자[54] 여기에도 적극적으로 응하고 있고요.[55]

나아가 빌 게이츠가 추진하고 있는 차세대 소형 모듈 원자

원전 건설이 추진되다가 중단된 삼척시 근덕면 현장. 2023년 4월
낙동강 취수원 다변화 사업에 반대하는 내용의 현수막이 경남 거창군에 걸렸습니다. 2025년 8월

로(SMR)[56]와 같은 설비가 반도체 클러스터의 공장들마다 설치되는 미래도 상상할 수 있습니다. 대구는 최근 합병한 군위군에 대구공항을 이전하는 동시에 소형 모듈 원자로도 건설하겠다는 계획을 발표했습니다.

 물론 이런 계획이 실현되기까지는 많은 시간이 걸릴 겁니다. 소형 모듈 원자로를 실현시키기 위한 기술적 난관을 극복해야 한다는 것은 두말할 나위도 없죠.[57] 대구경북 통합 신공항과 공항도시가 건설되기까지는 수십 년의 시간이 걸릴 것이고, 염색산단을 비롯한 대구 시내의 공장들을 군위로 이전하는 사업도 쉽지 않은 것이 현실입니다. 이런 현실을 고려하면, 소형 모듈 원자로를 필요로 하는 첨단 산업단지는 군위에 영원히 조성되지 않거나 상당히 시일이 지난 뒤에 들어설 수 있을 겁니다. 또 반도체 공장을 환영한 용인 등의 주민들이 소형 모듈 원전도 환영할지 의문입니다.

또한 점차 부족해지는 물 부족 현상을 두고 지자체 간, 또는 농어업 지대와 대도시·산업단지 간의 갈등이 심해지고 있습니다. 강원도 화천군의 화천댐 물을 경기도 용인 반도체 클러스터로 보내자는 안이 나오자, 화천군 측은 댐을 만들기 위해 화천군의 상당 부분이 수몰되어 큰 피해를 입었음을 내세우며 보상을 요구하고 있습니다.[58] 또, 용인 반도체 클러스터를 운영하기 위해 평택의 취수장 주변 개발 규제를 푸는 문제로도 두 지자체가 갈등을 겪었죠.[59]

경상도 지역에서는 반도체 산업에 앞서, 대구와 부산이라는 양대 도시에 공급할 상수도를 둘러싸고 수십 년째 갈등이 이어지고 있습니다.[60] 대구에 공급할 물을 어디서 취수할 것인가를 둘러싸고 대구와 구미 사이에서 오랫동안 갈등이 계속되고 있습니다.[61] 부산·경남의 경우는, 서부 경남에서 추가로 취수하려는 취수원 다변화 사업 구상에 대해 해당 지역들의 반발이 큽니다.[62] 전라남도 여수·광양산단에서 사용할 용수를 섬진강에서 취수하는 바람에 경상남도 하동 등의 내수면 어업이 큰 타격을 입고 있기도 합니다.[63]

인구 감소에 대한 새로운 접근

양수 발전소는 거대한 물 배터리라고 할 수 있습니다. 이 양수 발전소를 유치하려는 경쟁이 2023년, 전국의 인구 감소 지역들 사이에서 전개되었습니다. 최종적으로 충남 금산군이 건설 예정지로 선정되었습니다. 그런데 현지에서는 양수 발전소를 유치함으로써 "지방 소멸 위기를 극복"할 수 있는 "새로운 성장 동력"을 확보했다고 선전하고 있습니다.[64] 기존에 양수 발전소가 운영되는 지역들의 실정을 보면, 이런 주장에 쉽게 동조하기 어렵습니다.

이런 '오버 액션'은 인구 감소와 지방 소멸이라는 문제가 전국 농산어촌에서 심각하게 인식되고 있다는 방증입니다. 그런데 지자체들은 이 문제에 대해 엉뚱한 방식으로 대응하는 모습을 보입니다. 전입 목표치를 할당하는 바람에[65] 위장 전입하는 사례까지 나타나고 있죠.[66]

인구 감소 문제를 실질적으로 개선하려는 대신 숫자 놀음에 몰두하는 폐해를 극복하기 위해, 최근에는 계절인구·관광객 등을 포함해서 계산하는 생활인구라는 개념에 주목하는 경향이 있습니다. 하지만 그 지역이 감당할 수 없는 수준으로 생활인구가 늘어나면, 지역의 인프라가 늘어난 생활인구를 감당하지 못하는 문제가 발생하기도 합니다. 생활인구가 급증한 경상북도 청도군에서는 해마다 단수가 발생하기 시작했습니다.[67] 제주도 역시 등록·생활인구가 증가하면서 상하수도 및 쓰레기 처리 문제가 갈수록 심각해지고 있습니다.[68]

양수 발전소 유치를 축하하는 내용을 담은 충남 금산군 방우리의 현수막. 2024년 5월
경남 거창에 내걸린 현수막. 양수 발전소 유치 경쟁은 또다시 시작됐습니다. 2025년 8월

최근에는 드론을 인구 감소 문제의 대안으로 제시하는 경우도 있습니다. 배송 취약 지역에 드론을 이용해서 주민 복지를 향상시키고 관광객을 유치하겠다는 구상이죠.[69] 2025년 드론실증도시 구축사업 공모에는 전라북도 김제시가 선정되었습니다. 다만 기존에 철도[70]·송전탑[71] 소음을 못 견딘 시민들이, 과연 드론이 비행하는 소음을 받아들일 수 있을까요? 미국에서도 드론 소음을 둘러싸고 갈등이 빚어지고 있는 실정입니다.[72]

다만, 드론을 이용해서 인구 감소에 대응하는 방식은 원칙적으로 미래 한국이 택해야 할 방향이 맞습니다. 그리고 드론과

교외선 소음에 항의하는 내용을 담은 현수막이 경기 고양시 대곡역에 걸렸습니다. 2025년 7월

더불어 자율 주행 차량도 인구 감소와 고령화에 대한 대안이 될 수 있습니다.

기존에도 무인 자율 주행 버스를 도시에서 운행하는 방안이 검토되어 왔습니다.[73] 하지만 자율 주행 차량은 고속도로 및 넓은 도로에서 상대적으로 더욱 쉽게 적용 가능합니다. 따라서 특히 고령자들의 거주지나 병원 등이 가까운 미래에 이들 도로 가까운 곳으로 재배치될 가능성이 있습니다.

일론 머스크는 앞으로 사이버트럭에서 운전대를 없앨 것이라고 선언한 바 있습니다.[74] 자율 주행 차량이 드론과 함께 인구 감소와 지방 소멸에 대한 유력한 대안으로 떠오를 날은 멀지 않은 듯합니다.

경상북도 청송, 전라북도 임실, 충청북도 증평, 경상남도 거창은 각각 다른 방법으로 인구 감소와 지방 소멸을 극복하려는 노력을 하고 있어서 주목됩니다.

청송군은 진보면에 대규모 교정 시설을 유치해서 교정 경제를 일으키고 있습니다. 임실군은 35사단을 적극적으로 후원하면서 군사 경제를 일으키고 있고요.[75]

관광지나 군부대 위수 지역에서 상인들이 비싼 물가를 매기는 바람에 인심을 잃고 쇠락하는 경우가 있습니다. 청송군에서도 교정직 공무원들에 대해 집주인들이 비싼 월세를 받는다는 지적이 나오고 있습니다.[76] 청송군 발전의 핵심은 주왕산과 사과 농업이 아닌 교정 경제임을 인정하고, 교도소가 자리한 진보면을 중심으로 그 북쪽에 자리한 또 하나의 인구 과소 지역인 영양군과의 행정 통합을 추진하는 것도 생각해 볼 수 있습니다.

한편 증평군은 식민지 시기에 청안역이 자리하면서 성장

경북 청송군의 교정 기관으로 향하는 길목의 원룸촌. 2024년 11월

하기 시작한 지역입니다. 광복 후에는 37사단의 배후 도시로서 괴산군으로부터 독립했습니다. 증평군은 옛 청안역=증평역과 37사단 사이에 모든 시설을 집중시킴으로써 콤팩트시티(압축도시)의 모델이 되었습니다.

경상남도 거창군도 거창읍에 인프라를 집중시키는 압축도

스타벅스와 도서관이 나란히 자리한 충북 증평 읍내의 경관. 2023년 4월

읍내 곳곳에 고층 건물이 솟는 모습을 보면, 거창읍에 인프라를 집중시키는 경남 거창군의 압축도시 시도를 확인할 수 있습니다. 2025년 8월

시 모델을 실현시키고 있어서 주목됩니다.[77] 2025년 8월 현재 거창군 전체 인구 5만 9197명 가운데 3만 9750명이 거창읍에 거주하고 있습니다.

절대 면적이 좁은 증평군과는 달리, 거창군은 넓은 면적 가운데 거창읍이라는 좁은 지역에 다수의 인구가 집중되어 있습니다. 그래서 거창읍 이외의 지역에서는 소외감을 호소하기도 합니다. 하지만 거창읍 한 곳에 인프라를 집중시켜야 거창군이라는 지자체가 존속할 수 있습니다. 한 지자체의 모든 읍·면·리에 골고루 인프라가 갖추어져서 인구가 골고루 분산되는 미래는 한국에 존재하지 않을 것이라는 냉정한 현실을 받아들여야 합니다.

증평군과 거창군 모두 도시 외곽에 택지를 개발하려는 욕망을 억제했다는 점에서, 지금 이 순간에도 구도심을 떠나 외곽 택지 개발에 여념이 없는 다른 지역들에 귀감이 됩니다. 압축도시의 모델을 찾아 외국으로 눈 돌리기 전에, 증평군과 거창군의 읍내에서 1박 2일 머물러 보실 것을 추천합니다.

4
교통

지하화와 연약 지반·싱크홀

신안산선 공사 광명 구간 싱크홀,[1] 세종포천고속도로 서울 강동구 명일동 구간 싱크홀, 부전마산 복선전철의 부산 쪽 지반 침하, 부산 사상하단선 주변의 잇따른 싱크홀[2] 등 연약 지반·싱크홀 사고가 전국적으로 일어나고 있습니다.

이렇게 사망 사고를 동반하는 연약 지반·싱크홀 사고가 잇따라 일어나는 이유는 여러 가지가 있겠습니다. 연약 지반을 무시하고 교통망의 지하화를 밀어붙이는 사회적 분위기,[3] 공사비가 인상되었음에도 불구하고 예산이 이를 유연하게 반영하지 못하다 보니 부실 시공을 하게 되는 구조,[4] 공사 중의 인명 사고를 여전히 심각하게 여기지 않는 기업 풍토 등을 거론할 수 있겠지요.

서울 강동구 명일동의 싱크홀 사고는 세종포천고속도로 지하 구간과 수도권전철 9호선 연장 공사 구간이 연약 지반 구간

신안산선 광명역 인근 공사 구간의 붕괴 상황. 2025년 6월

서울 강동구 명일동의 싱크홀 사고 현장. 2025년 3월

경기 김포시 김포한강신도시 근처의 연약 지반 구간 안내. 2024년 9월

경기 시흥시 배곧신도시 근처의 연약 지반 구간 안내. 2025년 5월

에서 겹치면서 발생한 것으로 추정됩니다. 이 사고가 발생한 뒤, 서울시가 지반 침하 안전 지도를 가지고 있으면서도 비공개했다는 사실이 드러났습니다.[5]

서울시는 지도가 공개되면 오해가 빚어지고 불안감이 조성되기 때문에 비공개하겠다고 밝혔습니다.[6] 사람이 죽은 상황에서 도대체 무슨 오해가 더 생기고 무슨 불안감을 더 조성한다는 건지 모르겠습니다. 2022년 9월에 서울 강남에서 홍수가 일어나기 전까지 환경부가 홍수 위험 지도를 비공개하다가, 어마어마한 피해가 빚어지자 뒤늦게 공개한 것과 판박이입니다.[7]

이렇듯 지하 공사에 따른 지반 침하·싱크홀 피해가 점점 커지고 있음에도 불구하고, 선거 때마다 대도시를 중심으로 철도·도로 등의 교통망을 지하화하겠다는 주장이 단골로 등장하고 있습니다.

이들 지하화 주장 가운데에는, 애초에 건드리면 안 되는 연약 지반에서 지하 공사를 벌이다가 사고가 발생한 부전마산 복선전철 지하 터널과 같은 사례도 있고, 6059억 원의 금액이 투입된 서부간선지하도로[8]처럼 거액이 필요한 사례도 있습니다. 경부고속도로 가운데 경기도 화성시 동탄신도시를 통과하는 1.2킬로미터 구간도 4806억 원의 예산을 들여 지하화하였죠.[9] 1.2킬로미터를 건설하는 데 4806억 원이라는 거액이 들었다는 사실을 기억해 둡시다.

2027년 착공을 예정하고 있는 경부고속도로 기흥IC-양재IC 구간의 지하고속도로 건설 공사도 3조 7879억 원의 예산

부전마산선 부산경마공원 근처의 연약 지반 안내판. 2025년 4월

해수 침수가 일어난 부전마산선의 부산 사상구 삼락동 공사 현장. 2025년 4월

이 들 것으로 예상되고 있습니다.[10] 더욱이 이 사업은 동탄지하터널 사업과는 달리 지상에 녹지 공간을 조성하는 게 아니라, 지상에도 여전히 고속도로가 남게 되어 있습니다. 주변 주민들의 집값을 올려 주는 게 목표가 아니라 경부고속도로 정체 구간의 교통량을 분산시키는 게 목표라는 거죠.[11]

    현재 운영 중인 서부간선지하도로/서부간선도로, 공사가 진행 중인 국회대로/신월여의지하도로,[12] 그리고 최근 예타를 통과한 경인고속도로 지하화 공사도, 고속도로를 지하로 운행시키고 지상을 일반 도로로 바꾸겠다는 것이지, 지상 구간을 경의선숲길처럼 공원 등으로 개발하겠다는 것이 아닙니다.[13] 2025년 7월에 예타를 통과한 구리-성남 지하고속도로도, 수도권제1순환선 퇴계원IC~판교JCT 구간에 지하 고속도로를 놓아 "도로 용량을 확대함으로써, 수도권제1순환선의 상습적인 교통 정체를 해소하고, 인근 신도시 주민들의 출퇴근 통행 시간을 대폭 단축"[14]하는 것이 목적입니다.

    따라서 이런 사업들은 "지하화"가 아니라 "입체화"라고 표현되어야 오해의 소지가 없습니다.[15] 하지만 일부 행정·정치권 인사들 또는 부동산업계는 정확한 지식이 없어서, 또는 의도적으로 "지하화"라는 단어를 남용하는 경향이 있습니다. 일부 부동산 업자들이 허위·과장 광고를 남발하는 것을 규제해야 하는 행정·정치권이, 공약이라는 이름으로 허위 사실이나 과장된 내용을 확산시키는 거죠.

    한편 지반 침하는 싱크홀보다 더욱 큰 규모로 도시를 위협

경기 화성시 경부고속도로 동탄터널 구간. 2025년 7월

서부간선지하차도. 2024년 8월

인천시 서구 가좌동의 옛 경인고속도로 구간 입체화 공사 현장. 2025년 7월.
경인고속도로 지하화를 홍보하는 현수막이
인천지하철 2호선 검단사거리역에 내걸렸습니다. 2025년 4월.

합니다.

    2024년 5월에 경상남도 창원의 마산자유무역지역을 답사하다가, 지반 침하 때문에 우체국을 폐쇄한다는 안내를 보았습니다. 1년 뒤에 다시 찾아가 보니 우체국은 철거되고 공터가 되어 있더군요. 민간 업체라면 이런 사실을 공공연히 드러내지 않았겠지만, 공공기관인 우체국이었다 보니 지반 침하 사실을 밝힌 것이지요.

지반 침하로 폐쇄된 창원 마산자유무역지역의 우체국. 2024년 5월
지반 침하로 철거된 뒤의 우체국 터. 2025년 6월

이렇듯 국가의 명운을 걸고 간척 사업을 벌여 택지 조성한 산업단지도 지반 침하는 피할 수 없습니다. 하물며 공공의 감시가 소홀한 틈을 타고 조성된 간척지 위 택지 지구의 지반 침하 문제는 어떻겠습니까.

좌초되는 교통망 건설 계획들

행정·정치권에서는 실현 가능성이 낮은 각종 교통망 건설 계획을 제안하고, 예타 등에서 탈락하면 정부를 비판하고는 합니다. 예타 통과가 예상되었던 서울 강북횡단선이 좌절되고, 처음부터 실현 가능성이 낮아 보이던 목동선도 역시나 탈락했습니다. 서울시 내에서 상대적으로 교통 오지인 관악구에 구상된 난곡선 역시, 필요성은 높지만 2025년 9월 시점에 여전히 사업이 확

정되지 않은 상태입니다.[16]

고양은평선(고양시청역-새절역)[17]과 서부선(새절역-서울대입구역)은 한 쌍으로 구상된 철도 노선입니다. 이 가운데 고양은평선은 2024년 12월에 기본계획이 승인되었습니다. 하지만 김대중 대통령 때인 2000년대 초부터 계획이 세워져 있던 서부선은, 컨소시엄 중 GS건설 등이 빠져나가면서 착공이 불투명해졌습니다.[18] GS건설은 위례신사선도 포기했죠. 만약 서부선이 실현되지 않는다면, 고양은평선만으로는 서울 서북부 – 경기 서북부의 교통 여건을 개선한다는 목표를 달성할 수 없습니다.[19]

또한 고양은평선과 서부선이 모두 완공된다고 해도, 인천 2호선 등의 전례에서 보듯이[20] 이렇게 긴 노선을 중전철이 아닌 경전철로 설계한 것은 두고두고 아쉬움이 남을 겁니다. 하지만 예타를 통과하기 위해, 경전철로 건설했다가 뒤늦게 후회하는 일은 앞으로도 반복되겠죠.

강북횡단선이 예타에서 탈락한 뒤, 서울시는 예타 제도 개선을 요구하고 나섰습니다.[21] 그러나 전국 기준에서 상대적으로 교통 사정이 나은 서울시가, 다른 지역들에 우선하여 예타 혜택을 볼 가능성은 높지 않습니다. 서울의 교통망을 신설하거나 지하화할 예산으로, 아직 교통망이 미비한 태안반도 같은 지역에 도로·철도를 새로 놓는 것이 국가 균형 발전을 위한 길이기 때문입니다.

2024년에 예타에서 탈락한 목동선은, 원래 2004년에 민자 도입을 추진하다가 수익성 문제로 좌절되자 2018년에 재정사

공사 현장에서 확인되는 위례신사선에 대한 악감정. 2024년 11월

위례신사선을 재정 사업으로 추진하기로 하자,
예타 면제를 주장하는 현수막이 위례신도시에 내걸렸습니다. 2025년 1월

업으로 추진했던 사업입니다.[22] 난곡선도, 2018년에 민자에서 재정사업으로 전환된 경우죠.[23]

 위례신도시와 서울 신사역 사이를 연결한다는 위례신사선도, 거의 20년 가까이 착공조차 하지 못하다가 2024년에 재정사업으로 전환되었습니다. 위례신도시 주민들은 2013년에 입주할 때 교통분담금을 지불했기 때문에 위례신사선을 요구할 권리가 있습니다. 하지만 수도권의 다른 교통망과 마찬가지로 위

례신사선도 예타를 통과할 가능성이 높지는 않다는 것이 안타깝습니다.

만약 서울시 주장대로 예타 완화 요구가 받아들여진다면, 가장 먼저 혜택을 입을 사업은 서울시의 경전철이 아니라 태안반도의 당진 석문산단 인입철도 및 서산 대산산단 연장선,[24] 남부내륙선, 광주-대구간 철도, 전주-김천 간 철도 등일 겁니다.

미래 한국의 최전선인 경기도·충청남도 서북부 지역에서는 서해안고속도로가 간선 교통망으로 기능하고 있지만, 특히 서해대교 주변에서 만성적인 정체를 보이고 있습니다. 다음 절에서 다룰 서해선 철도 역시 아직 미완성 상태로 남아 있습니다. 이에 따라 제2서해대교를 비롯한 간선 도로망을 확충하자는 구상이 잇따라 제안되고 있습니다.[25] 하지만 이런 계획은 다른 노선들과의 경쟁 때문에 예타에서 탈락하고 있어서 상황이 녹록지 않습니다.[26]

이미 인구가 집중된 서울과 주변 지역의 교통망을 확충하고 지하화할 것인가, 그 이외의 지역에 교통망을 신설해서 균형발전을 꾀할 것인가. 한국의 성장은 둔화되고 있어서, 이 두 가지 사업을 모두 추진할 여력이 한국에 남아 있는지 의문입니다.

새로운 간선 철도들의 등장

서해선을 비롯해서 새로운 간선 철도 노선들이 잇따라 탄생하고 있습니다.

1970년대 말의 수도 이전 계획 당시부터 논의되던 서해선

서해선 내포역 공사 현장. 2025년 6월

서해선 내포역 주변의 부동산업체. 2025년 6월

은 2024년 11월 2일에 안산-화성 사이의 고가 철교를 제외한 전 구간이 개통되었습니다. 평택시 서부의 안중읍을 비롯하여 연선의 많은 지역에서는 이미 발 빠른 외지인들의 투자 내지 투기가 이루어진 상태입니다.

특히 이번에 서해선이 개통한 평택시 안중읍은 충청남도와 경기도의 중간 지점으로서, 1970년대의 수도권 정비 계획 때부

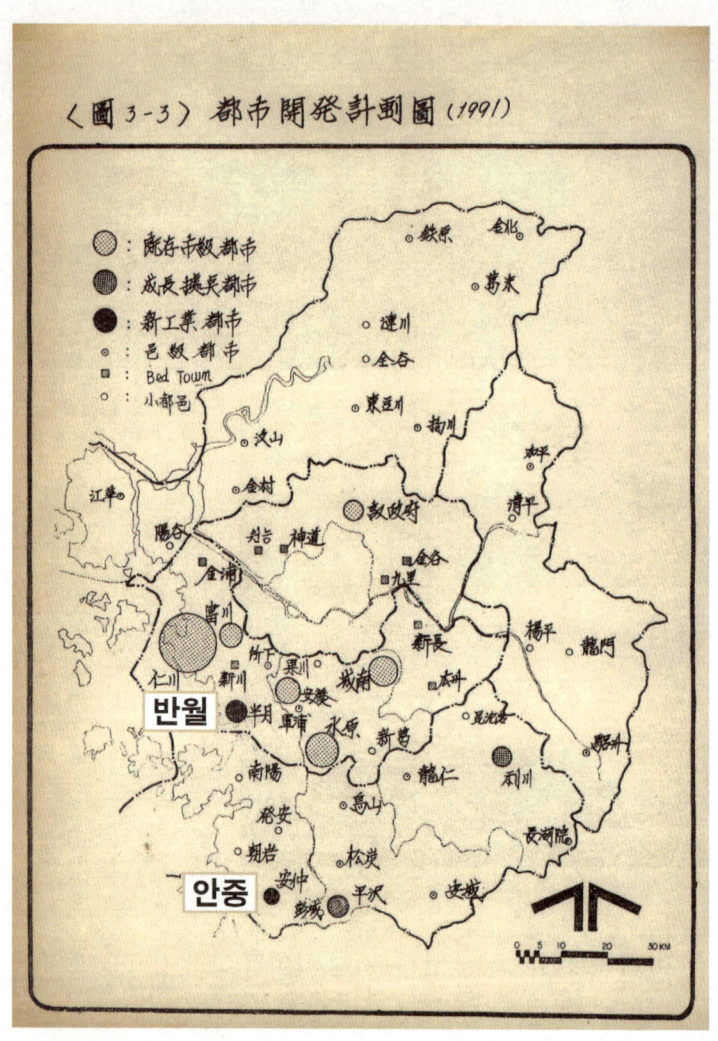

국토연구원 소장 「수도권정비기본계획(안)」(1979)에서 확인되는 평택 안중과 안산 반월

터 그 가능성을 주목받았습니다. "잠재적 서울 유입 가능 인구의 중간 차단 및 제조업 고용의 중심점"[27]이 될 수 있다는 이유에서였죠. 서해선이 전 구간 개통한다면, 안중은 충청남도로부터 서울로의 유입 인구를 중간에서 차단하는 역할을 하게 될 것으로 예상됩니다.

다만 화성시의 서화성역과 안산시의 원시역 사이에 놓일 예정인 교량 공사가 아직 끝나지 않아서, 서화성역-초지역 사이에 셔틀버스가 운행되는 비정상적인 운영이 이어지고 있습니다. 또한, 2025년 1월 23일에 서해선과 경부고속선 간을 향남에서 연결시키는 연결선 사업이 예타를 통과했습니다만,[28] 언제 완공될지는 미지수입니다. 늦어도 2030년대에는 두 사업 모두 준공되어 있겠죠.

한편 1960~1970년대에 제안되었다가 사그라든 바 있는 서해안선 구상이 전라남·북도의 정치·행정권에서 다시 제안되고 있습니다. 『우리는 어디서 살아야 하는가』 제4장에서 말씀드린 것처럼, 전라북도 김제와 전라남도 함평군 학교를 이을 예정이던 서해안선은 일부 공사가 진행되다가 중단되었습니다.[29] 하지만 선로 사정이 열악한 장항선을 대체할 서해선이 남쪽으로 연장되어 서해안선 구상을 흡수하고, 동해선·남해선(목포보성선)과 함께 한국 해안 지역의 간선 철도로 자리매김할 가능성은 존재합니다.[30]

대구와 광주를 잇는 달빛철도 사업도 느리지만 착착 진행 중입니다. 이 노선의 기원을 따지고 들어가면 1920년대의 구남

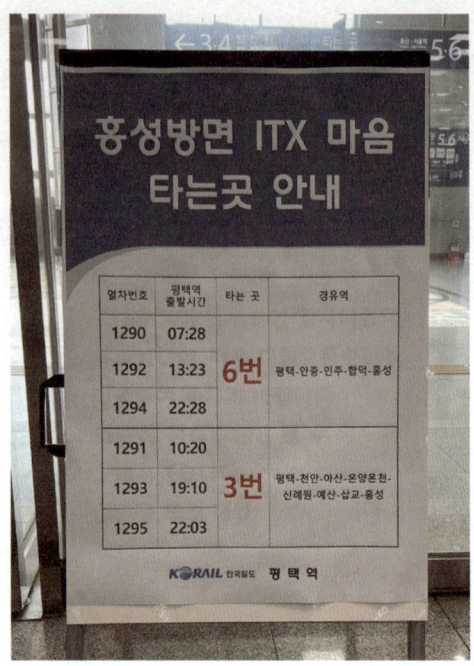

평택역에 게시된 경기 평택과 충남 홍성 간 순환선 차편 안내. 2024년 11월

서해선 합덕역 광장에 내걸린 관광객 환영 현수막. 2024년 11월

서해선 서화성역에서 초지역으로 승객을 나르는 셔틀버스. 2024년 11월

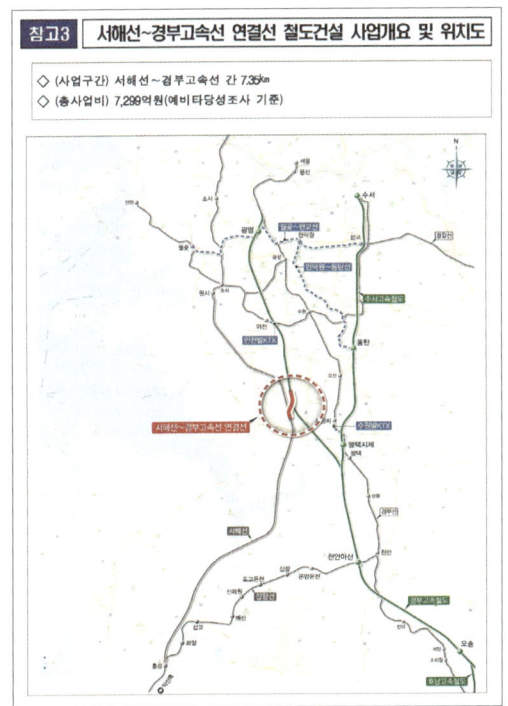

서해선-경부고속선 연결선 건설 사업의 예타 통과를 알리는 2025년 1월 23일 국토교통부 보도자료에 실린 위치도

철도(대구-전남) 구상, 식민지 시기에 운행되다 중단된 전남선(송정-담양), 1960년대의 광주선 구상이 존재합니다. 정부와 민족을 뛰어넘어 이어지는 행정의 연속성을 보여 주는 사례죠.

식민지 시기의 대삼선(대전-삼천포)과 김삼선(김천-삼천포) 구상, 1960년대에 건설되었다가 폐지된 진삼선(진주-삼천포), 그리고 우주항공선으로 이어지는 철도 건설 구상도, 행정의 연속성을 보여 주는 또 하나의 사례입니다.[31]

다만, 예전에 운영되던 진삼선은 실적이 부진해서 폐선되었습니다. 식민지 시기에 경성-대전-부산-일본, 경성-대전-목포-일본에 이어 경성-대전-삼천포-일본이라는 세 번째 종단 노선을 건설하려다가 제국주의 일본이 패망했습니다. 그 바람

대구광역시에서 제시한 달빛고속철도 예정 구간

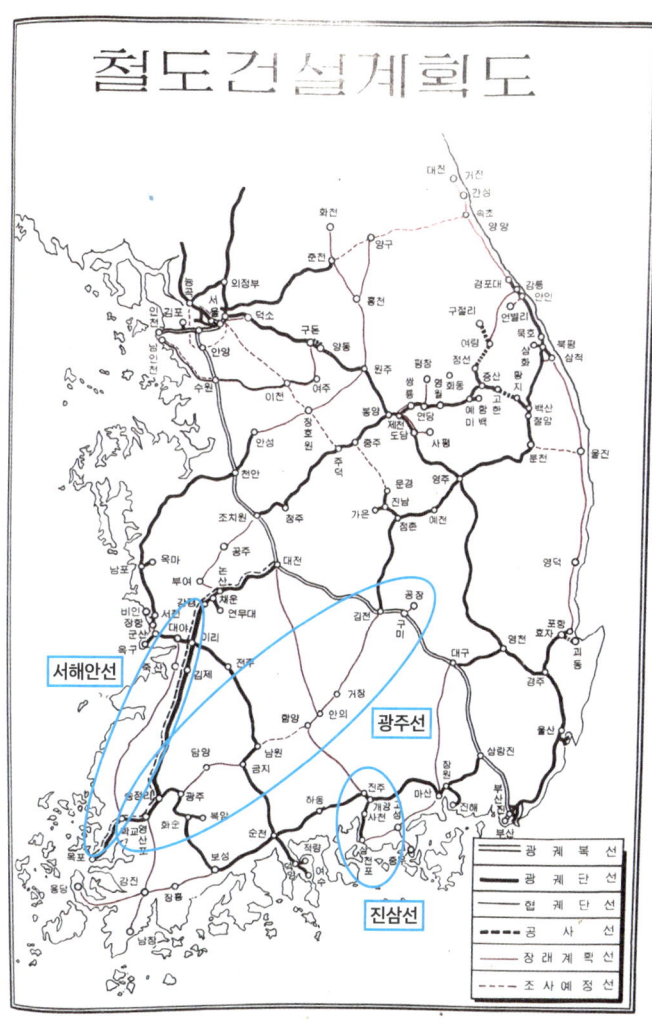

『철도건설사』(1969년)에 실린 광주선, 서해안선, 진삼선

대삼선 개통 전에 먼저 건설된 삼천포역 관사. 2018년 11월

지금은 사라진 진삼선 삼천포역사. 2018년 11월

오픈레일웨이맵(www.openrailwaymap.org)에 표시된 현재의 사천비행장선

경남 함양의 옛 대삼선 서상역 예정지와, 그 뒤를 가로지르는 통영대전고속도로. 2025년 8월

에 경성-대전-진주-삼천포 철도를 만들 이유가 사라져서, 경전선 진주역에서 삼천포까지 이어지는 짧은 구간만 만들어졌습니다. 그리고 원래의 목적이 사라진 이 노선은 수익이 나지 않아 짧은 시기만 운행되다가 폐지된 것이죠.

우주항공선 구상은 우주항공청을 명분 삼아 대삼선·김삼선·진삼선을 부활시키려는 것입니다. 하지만 우주항공청이 어마어마한 철도 이용객 증가를 가져올 것으로는 예상하기 어렵습니다. 예전에 진삼선을 폐지했을 때와 비교해서 예상 이용객에 큰 차이가 없다는 거죠. 게다가 통영대전고속도로가 대삼선·김삼선·진삼선의 구상을 일부 실현했습니다. 그렇기 때문에 우주항공선은 실현될 가능성이 높지 않을 것으로 예측됩니다.

2025년에 전선 개통된 동해선의 연선 지역에 대한 개발 상황도 『한국 도시의 미래』에서 일부 소개해 드린 바 있습니다. 동해선은 경상북도 울진군의 홍부역처럼 한울·신한울 원자력 발전소 같은 수요처가 있거나, 강원도 삼척시의 근덕역처럼 수려한 관광지를 배후에 두고 있다 보니 개통 직후부터 수요가 폭발하고 있습니다. 이에 따라 동해선이 통과하는 지자체들은 서울역 내지 청량리역에서 직결되는 고속철도 운행을 요구하고 나섰습니다.

마지막으로, 2025년 9월 27일 개업한 남해선 즉 목포보성선은 대도시나 산업단지를 지나지는 않지만, 장흥·강진·해남 등의 관광지를 관통합니다. 이들 지역은 수려한 관광 자원을 지니고 있음에도 불구하고, 철도 교통이 없다 보니 시민들의 접근이

강원 삼척시 근덕역 인근 해안선과 나란히 달리는 동해선 선로. 2024년 10월

목포보성선 개업을 알리는 경기 고양시 대화역 승강장의 전광판. 2025년 9월

목포보성선 강진역과 강진읍 외곽 전경. 2023년 2월 류기윤 촬영

쉽지 않았습니다. 아직은 운행하는 철도 편수가 많지는 않지만, 일단 철도 교통망이 갖추어졌으니, 강진 도자 축제 등에 특별 열차를 운행하는 방식으로 점차 시민들에게 익숙한 존재가 될 터입니다.

목포보성선은 목포와 순천을 잇는 경전선 철도가 두 지역을 곧장 잇지 않고 북쪽의 광주를 찍는 선형을 그리는 문제도 해결해 줍니다. 이는 부산 부전과 창원 마산 간을 이어 주게 될 부전마산선도 마찬가지입니다. 부전과 마산 간을 운행하는 경전선 철도는, 낙동강 하류의 연약 지반 문제 때문에 북쪽 밀양까지 올라가죠. 물론 이 연약 지반 문제는 여전히 해결되지 않고 있습니다만, 결국은 전 구간 개통되겠지요.

트램 붐은 실체가 있나?

최근 전국의 행정·정치계 인사들이 가장 좋아하는 공약은 트램 건설입니다. 트램은 실제로는 버스에 가깝지만, 궤도 위를 달린다는 점에서 도시철도와 비슷한 느낌을 주다 보니, 막대한 예산이 필요한 도시철도를 짓지 않으면서도 철도를 놓은 것과 비슷한 효과가 있다는 정치적 계산을 하는 듯합니다.

위례신도시는 2026년 하반기 개통을 목표로 위례선 트램을 건설 중입니다. 대전은 십수 년간 논란이 이어진 트램을 드디어 2024년에 착공했습니다.[32] 하지만 위례선과 대전 2호선 계획 노선은 근본적으로 성격이 다릅니다. 위례선은 위례신도시를 설계할 때부터 노선을 위한 공간을 확보해서, 임시로 공원으로 사용하다가 공사를 시작했습니다. 반면 대전 2호선의 예정 구간에는 원도심이 포함되어 있기 때문에 심각한 교통 체증이 발생할 것으로 예상됩니다.

대전도시철도 2호선 노선은 원래 지하철 또는 모노레일을 상정하고 설계된 것이어서, 노면을 달리는 트램에 적합한 것일지에 대해 논란이 있습니다. 심지어 3호선은 굴절 버스를 도입할 계획이라고 하여, 철도라는 본질 자체를 호도하는 지경에 이르렀습니다.[33] 그러다 보니 굴절 버스 구상은 발표 후에 많은 비판이 많고 결국 취소되었습니다.[34]

부산도 트램 정책을 밀어붙이고 있습니다. 트램을 도입한다는 자체도 불안한데, 시 행정을 담당하는 정당이 바뀔 때마다 트램 정책도 바뀌어서 더욱 불안감을 줍니다. 민주당은 오륙도선을, 국민의힘은 부산항선을 도입하겠다고 하는데, 문제는 두 계획 모두 예산 문제를 어떻게 해결할지 전망이 잘 서지 않는다는 것입니다.[35]

마지막으로, 일부 트램이 수소 연료를 사용할 것이라고 주장하는 점에도 문제가 있습니다.[36] 아직 실증된 기술이 아니라는 거죠. 하지만 수소산업이 그린워싱이라는 성격이 있고, 지역마다 앞다투어 새로운 산업 먹거리를 확보한다는 측면도 있다 보니, 수소 트램은 당분간 정치인들에게 인기 있는 공약이 될 전망입니다.[37] 한때 전국의 행정·정치가들이 경전철을 짓겠다고 주장했었는데, 그 시즌 2는 수소+트램인가 봅니다.[38]

위례신도시의 위례선 트램 공사 현장. 2024년 11월

대전 서남부터미널 앞의, 대전도시철도 2호선 트램 건설 공사 착공식 현장. 2024년 12월

대전도시철도 1호선 중구청역에 게시된 대전 트램 예정 노선도. 2024년 11월

트램 차량 기지 건설에 반대하는 현수막이 대전 대덕구 연축동에 걸렸습니다. 2025년 6월

2024년 11월 입수한 전단지. 대전 트램은 현지 부동산 시장을 들썩이게 하고 있습니다.

공항과 항구

기존의 공항을 다른 지역으로 옮기고 공항 후적지를 택지 개발하겠다는 계획도 행정·정치권의 인기 공약이죠. 하지만 여러 상황을 고려할 때 김포공항·수원공항은 결국 화성 등 다른 지역으로 옮겨 가지 못할 것으로 예상됩니다.

미완으로 끝날 화성 민군 통합 공항이 담당해 줄 것으로 기대되었던 "경기 남부 관문 공항"의 역할은, 대서울권과 중부권

청주공항 주변에 조성 중인 에어로폴리스. 2025년 3월

청주 시외버스터미널 앞에 내걸린 청주공항 제2활주로 건설 촉구 현수막. 2025년 6월

의 접점에 자리한 청주공항이 담당하게 될 것으로 예상됩니다. 이에 맞추어 청주시와 충청북도는 민간 활주로 개설 및 에어로폴리스 개발 계획을 제안하고 있습니다.[39]

대구경북 신공항과 가덕도 신공항은 또다시 공전하기 시작했습니다. 상황이 이렇게 되자, 현지의 일부 정치인·행정가들은 이들 사업에 대한 비판적 목소리를 내기 시작했습니다. 밀양에 신공항을 건설하거나 김해공항을 확장한다는 초기 구상을 실현시키지 못한 것이 못내 아쉬움으로 남습니다.

대구 수성구에 자리한 대구공항을 군위·의성으로 이전하여 대구경북 신공항을 건설하는 사업. 대구시는 애초에 기부 대 양여 방식으로 사업을 추진하다가, 최근에는 국방부 주도의 국가사업으로 방향을 바꾸려 하고 있습니다.[40] 건설 경기가 악화되면서 시공사를 찾기가 어려워졌기 때문이죠. 이 사업은 애초에 대구시가 시내 개발을 위해 기부 대 양여 방식으로 군공항을 외곽으로 이전하겠다고 제안한 것입니다.[41] 이제 와서 사업 방식을 바꾸자고 하면, 현재 30년 정도는 걸릴 것으로 예상되는 대구경북 신공항의 완공이 더 늦어질 겁니다.

이처럼 건설업계의 불황이 이어지며, 기부 대 양여 사업의 한계가 드러나고 있습니다. 이런 상황에도 불구하고, 전국 곳곳의 지자체에서는 현지의 숙원 사업을 기부 대 양여 방식으로 처리하겠다는 것을 공약으로 내세우는 경우를 많이 봅니다.[42] 일단 사업을 시작하고 나서 문제가 생기면 국가 사업으로 전환해 달라고 요구하면 되지 않겠나 하는 계산으로 보입니다. 이런 사례

국토교통부가 2024년 8월 7일 발표한「서산공항 전략환경영향평가 초안」에 실린 공항 계획지구 위치도

국토교통부가 2021년 3월 24일 발표한 「새만금신공항 건설사업 전략환경영향평가 평가 항목 등의 결정내용」에 실린 신공항 건설 대상 지역 위치

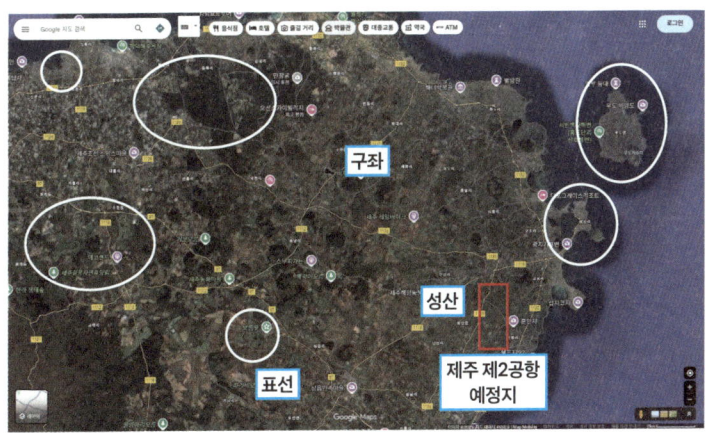

제주 제2공항 예정지와 주변 관광 포인트들

를 볼 때마다, 선거가 가까워졌다는 생각을 하고는 합니다.

충청남도 서산시 해미면의 서산공항 구상은, 사업 금액을 맞춰 예타를 우회하는 방식으로 순조롭게 추진되고 있습니다. 서산공항이 개항하면 청주공항·새만금공항과 수요를 나누어 가지겠지요.[43]

새만금공항은 2025년 9월 11일에 새만금 신공항 개발사업 기본계획을 취소하라는 1심 소송에서 원고측이 승소했지만, 9월 22일에 국토교통부가 항소를 제기했습니다.[44] 새만금 신공항은 미군이 사용하는 군산공항을 확장하는 성격을 띠고 있기 때문에, 아마 개통하겠지요. 제주 제2공항도 새만금 신공항과 마찬가지로 군사적 목적을 띤 것으로 보이기 때문에, 아마 결국은 개설되지 않을까 조심스럽게 짐작해 봅니다.[45]

하지만 광주 군공항의 이전 문제에 제주항공 사고까지 얽혀 있는 무안공항의 미래는 밝지 않습니다. 광주 쪽에서는 2024년 12월 29일의 제주항공 사고 이후, 군공항 이전 문제로 무안군을 압박하는 움직임이 커지고 있습니다.

애초에 광주 군공항을 무안공항으로 이전하려는 이유는, 공항 후적지를 택지 개발해서 광주의 여러 도심을 연담화시키기 위함이었습니다. 하지만 광주 인구는 줄고 있으며, 무안공항은 전남 서남쪽 땅끝이어서 이용하기 불편하고, 제주항공 사고 이후 국제선 취항이 멈추면서 관광업계가 2025년 여름 성수기 때 큰 피해를 입었습니다. 이 상황을 타개하기 위한 플랜 B로서 광주공항에 국제선을 재취항시키자는 말이 나오고 있습니다.[46]

광주공항 소음 권역인 광주 서구 유촌동. 2024년 7월

광주공항과 소음 권역 주변 도심들

4 교통 143

광주 서구 마륵동 탄약고 주변. 2023년 8월

마륵동 탄약고를 옮겨 올 광주공항 인근의 서구 서창동. 2023년 4월

2024년에 광주 모처에서 강연하면서 이 플랜 B를 고려하시라는 말씀을 드렸는데, 2025년 들어 과연 상황은 플랜 B로 향하고 있습니다.

동일한 생활권인 광주와 전남 서부 지역 간에 광주 군공항 이전을 둘러싸고 이렇게 의견 대립이 심각하다 보니, 국가 사업까지 나쁜 영향을 받고 있습니다. 국방부는 광주 상무지구 남쪽 마륵동에 있는 탄약고를 현재의 광주공항 인근으로 이동시키는 사업을 추진하다가, 광주 군공항을 무안공항으로 옮기자는 논의가 진전되자 한때 사업을 중단했습니다. 하지만 광주 군공항의 무안공항 이전이 안 될 거라고 보는 듯, 2025년 들어 이전 사업을 다시 시작했습니다.[47]

한편, 전국의 항구가 앞다투어 크루즈 터미널을 짓고 외국인 관광객들을 유치하겠다고 나서고 있습니다.

크루즈선을 이용하는 관광객들은 일반적으로 시내에 인접한 항구에 내려 그 나라의 분위기를 즐기고 싶어 합니다. 부산항과 여수항 크루즈 터미널은 시내에서도 가깝고 철도역에서도 가깝습니다. 크루즈항의 정답이라고 할 수 있죠.

반면, 인천항·새만금 신항만 등의 크루즈 터미널은 모두 시내에서 동떨어진 땅끝에 위치하고 있습니다. 크루즈 터미널을 나서면 황량한 벌판만 펼쳐져 있죠. 크루즈선을 이용하는 승객들의 관광 수요를 생각하지 않고 건설하기 편한 곳에 터미널을 지은 겁니다.[48] 게다가 인천항 크루즈 터미널은 밤에 영업을 하지 않다 보니, 관광객은 터미널에서 멀리 떨어진 인천 시내에 갔

부산 국제여객터미널. 2024년 1월

인천지하철 2호선 인천시청역에 게시된 인천 크루즈 터미널 광고. 2025년 7월

다가 서둘러 배로 돌아와야 합니다.[49] 터미널의 위치부터 운영 방식에 이르기까지, 수요를 생각하지 않은 공급자 위주의 사고 방식입니다.

새만금항의 경우는 더 심각합니다. 새만금항은 언제 완성될지도 모르는 새만금 간척지 개발사업의 일부이다 보니, 주변에 문자 그대로 아무것도 없죠.[50] 실패로 끝난 잼버리 대회 때와 마찬가지로, 외국인들을 마중물 삼아 새만금 간척지 개발사업을 촉진하려는 것이라고 비판받을 여지도 있습니다.

2026년에 크루즈 전용 부두를 개항한다고 하는데, 관광객들이 주변 도시에 접근할 수 있는 방안을 최우선적으로 마련해야 잼버리 대회 때와 같은 실패를 반복하지 않을 수 있을 겁니다. 새만금항에서 가장 가까운 지역인 스마트 수변도시는 2025년 9월에야 분양이 시작되었습니다.[51] 앞으로 얼마나 시간이 지나야 이곳이 최소한 송도신도시 초기 정도로 도시화될지, 그래서 크루즈선을 타고 온 관광객들이 찾아갈 만한 지역으로서 자리매김할지, 제가 상상력이 부족해서 그런지 짐작이 되지 않습니다.

황량한 상태로 남아 있는 인천 크루즈 터미널과 국제여객터미널. 2024년 2월

새만금 간척지와 새만금항. 2025년 5월 류기윤 촬영

인천 송도신도시 개발 초기 모습. 2009년 6월 이승연 촬영

2부

대서울권, 동남권, 중부권의 3대 메가시티.

대구·구미·김천, 동부 내륙, 동해안, 전북 서부,
전남 서부, 제주의 6대 소권.

한국은 3대 메가시티, 6대 소권으로 재편되고 있습니다.
이들 아홉 개 권역에서 2026년 주목할 만한 포인트들을
살펴봅니다.

3대 메가시티와 6대 소권

5
대서울권

서울 강남

미래 강남의 모습을 만들어 내고 있는 주요 사업은 서초구의 강남고속버스터미널 재개발 사업,[1] 강남구 코엑스와 송파구 잠실종합운동장 사이를 개발하는 국제교류복합지구 사업, 그리고 옛 한국전력 본사 부지에 짓고 있는 현대자동차그룹 사옥부터 영동대로 지하 공간을 거쳐 수서역으로 이어지는 GTX 공사입니다. 이런 사업들을 통해 강남 3구는 기존의 강남구 북부에서 남부로, 그리고 서쪽의 서초구와 동쪽의 송파구로 뻗어 나가는 형세를 보이고 있습니다.

    다만 영동대로 지하공간 복합개발 사업은 시공사 선정이 잇따라 유찰된 영향 등으로 인하여 준공 예상 시기가 계속 미뤄지고 있습니다. 코엑스 옆 옛 한국전력 부지에 지어질 현대차그룹 사옥도 애초 계획했던 105층 건물에서 현재는 54층 3개 동으로 축소된 모양새입니다.[2]

현재 남북으로 분리되어 운행 중인 GTX-A는, 2026년 6월에 삼성역에 정차하지 않는 형태로 연결되어 운행되리라는 예측이 나오고 있습니다. 하지만 이 책에서 계속 강조했듯이, 철도 공사는 완공되어야 완공되는 것이고 당초 예측은 언제나 늦어집니다.

더욱이 GTX-A 사업의 핵심인 삼성역 정차는 2028년이라는 연도가 제시되어 있지만,[3] 언제나처럼 더 늦어질 것으로 예상됩니다. GTX-A 삼성역에 승하차할 수 있는 시기는, 영동대로 지하공간 복합개발 사업의 추이를 지켜봐야 알 수 있을 겁니다. GTX-A가 애초에 2023년도에 완공될 것[4]이라고 주장되었다는 사실을 늘 염두에 두면 좋겠습니다.

강남 3구에서 전통의 부촌이던 강남구 북부의 압구정 아파

서울 강남의 지형과 교통. 녹색은 산지, 노란색은 전국 거점, 흰색은 경기도 거점을 표시한 것입니다.

트 지구는, 유명세에 비해 재건축 속도를 내지 못했습니다. 그 사이에 서초구 북부의 반포동·잠원동 아파트 지구가 재건축에 속도를 내면서, 1970년대 초에 강남 3구에서 최초의 고급 아파트 단지가 들어섰던 이래 반세기 만에 부촌으로서의 이미지를 되찾았습니다. 저의 책『도시문헌학자 김시덕의 강남』에서 말씀드린 것처럼, 반포 지역 아파트 단지들은 최근 들어 부촌으로 부상한 게 아니라, 강남 3구에서 첫 부촌이었다가 압구정 아파트 지구에 부촌 타이틀을 빼앗겼죠.

압구정 아파트 지구는 2025년 들어 잇달아 시공사가 선정되는 등 뒤늦게 속도를 올리고 있습니다만,[5] 평균적인 재건축 속도를 생각하면 '반포 자이'라는 밈이 상징하듯이 서초구 북부의 우위가 한동안 이어질 것으로 보입니다. 최초의 부촌이던 서초구 구반포 주공아파트가 압구정 현대아파트에 우위를 빼앗긴 것처럼, 한번 이동한 부촌 타이틀은 쉽게 움직이지 않습니다. 압구정에서 반포로 다시 옮겨 간 부촌 타이틀을 압구정이 빠른 시일 내에 되찾을 수 있을지는 잘 모르겠습니다.

1기 신도시 재건축

1980년대 초중반에 지어진 목동·노원 신시가지도 이제 재건축이 추진되고 있습니다. 이보다 더 늦게 지어진 1기 신도시가 이들 신시가지보다 앞서서 대규모로 재건축된다는 건 논리적이지 않습니다. 1980년대 전기에 준공된 과천 주공아파트 단지들의 재건축 속도를 참고하면, 분당신도시는 고덕·목동·상계 신시가지의 뒤를 이어 1980년대 말~1990년대 초의 강남 아파트 단지들과 비슷한 속도로 잇달아 재건축될 것으로 보입니다.

이와 달리 애초부터 분당신도시와 구분되는 탄생 배경을 지닌 일산신도시의 경우, 킨텍스역 역세권 및 장항지구 개발, 그리고 일산이나 고양시청 주변 지역(원당)보다 더 서울에 가까운 창릉신도시 개발로 인해 재건축이 점점 더 어려워지고 있습니다. 뉴 타운이라는 이름의 올드 타운. 앞으로 일산신도시는 극적인 전환점을 찾지 못하는 한, 학원이 요양원으로 바뀌는 흐름이 이어질 것으로 예상됩니다.[6]

한편 1기 신도시에서는 GTX가 교통 문제의 만능 처방전처럼 언급되어 왔습니다. 파주 운정과 고양 킨텍스 등에서는 GTX-A에 의지하여 거대한 도시가 만들어지고 있습니다. 물론 운정중앙역-서울역 구간은 6~8분 간격으로 운행되고 있지만,

개발할 곳(녹색 표시)이 무궁무진한데, 일산신도시(노란 표시) 재건축이 가능할까요?

경기 고양시 일산신도시 남쪽 장항동의 개발 상황. 2025년 6월

일산신도시 주엽역 인근에서 입수한 창릉신도시 계획 반대 집회 동참 호소문. 2019년 6월

고양 창릉신도시 분양 광고. 2025년 7월

GTX-A 창릉역 예정지. 2025년 7월

그래도 운정신도시 및 킨텍스역 역세권의 시민들을 모두 태우기에는 부족하다는 느낌을 받습니다.

또, 현재 운정신도시 일대에서는 "강남 20분 시대 열린다"라는 캐치프레이즈를 볼 수 있습니다. 현재 서울역까지 21분 걸리니, 2030년대에 삼성역에서 승하차할 수 있게 되더라도 30분 가까운 시간이 걸리겠지요. 모든 사람이 운정중앙역 근처에 사는 것은 아니니, 자기 집에서 운정중앙역까지 이동하는 시간을 생각하면 더욱 그러합니다. 물론 현재의 교통 상황을 생각하면 획기적으로 시간이 단축되는 것이기는 합니다만, 과장 광고임에는 변함없죠.

한편 수도권전철 3호선 파주 연장이라는 영원한 떡밥이 일산신도시를 괴롭히고 운정신도시를 키우고 있습니다. 3호선이 파주까지 연장되면 일산은 3호선의 종착역이 아니라 중간역이 되기 때문에, 일산 시민들은 자리에 앉아서 출근할 수 없게 될 것입니다.

또한 3호선의 종착역인 대화역은 고양시 북부 및 파주·김포 시민들이 버스나 자차로 이곳까지 와서 3호선을 타다 보니, 일종의 광역 역세권이 형성되어 있습니다. 3호선이 연장되면 대화역의 이런 역세권 기능도 약화되겠죠.

하지만 3호선은 서울 경계를 벗어나 고양시에 들어서는 순간 이용객 수가 현저히 떨어집니다. 또 GTX-A가 개통되면서 이용객이 줄어들었음을 체감하고 있습니다. 따라서 아마도 3호선 파주 연장은 2026년 6월의 지방 선거를 비롯하여 선거의 단

2025년 5월 입수한 전단지. GTX-A 파주 운정중앙역에서 서울역까지 10분대에 도착할 수 있는 게 맞나요?

파주 운정신도시에서 본 홍보 문구. 파주-강남 20분 시대라고 주장하고 있습니다만……. 2025년 7월

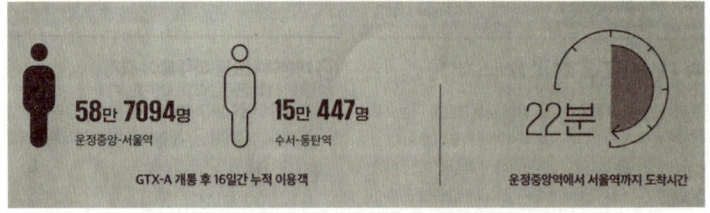

운정중앙역에서 서울역까지 소요 시간은 21~22분입니다. 『월간파주』 2025년 2월호에서

고양 대곡역에서 본 지역주택조합 광고물.
GTX-A 파주 운정역과 수도권전철 3호선 연장을 내세웁니다. 2023년 7월

고양시 킨텍스역 인근에서 본 광고 현수막.
파주시 문산이 GTX와 KTX 역세권이라고 주장합니다. 2025년 7월

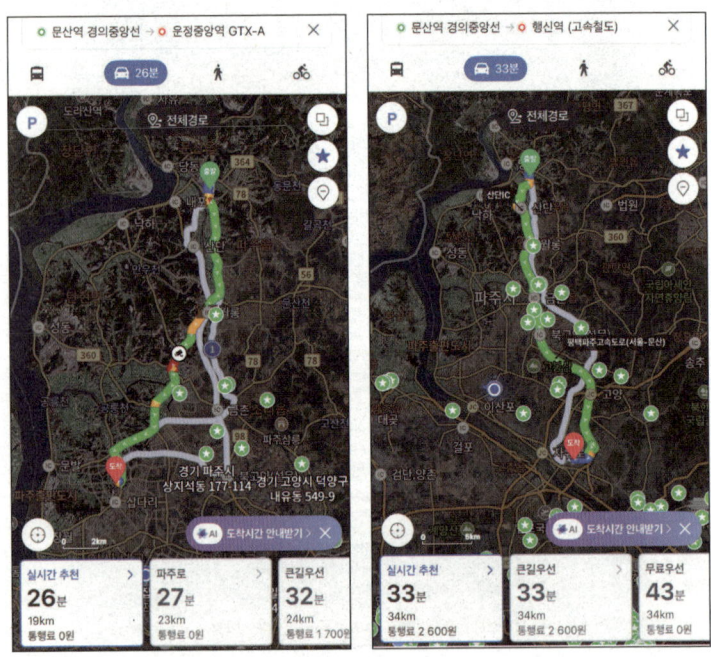

문산에서 GTX-A 운정중앙역이나 KTX 행신역으로 가려면
적어도 20~30분 이상 차량으로 이동해야 합니다.

골 공약은 될지언정, 실현될 가능성은 낮다고 보입니다. 마치 GTX-D가 건설되면서 수도권전철 5호선의 김포·검단 연장 가능성이 낮아지는 것과 마찬가지입니다.

3기 신도시와 135만 호 건설

이재명 대통령은 2025년 6월의 대통령 선거 때는 4기 신도시를 짓겠다고 발언했다가,[7] 당선 뒤인 9월 7일에는 2030년까지 수도권에 4기 신도시 대신 135만 호의 주택을 공급하겠다고 발표했습니다.[8] 하지만 지난 정부에서 대규모의 1기 신도시 재건축을 추진하다가 좌초된 것처럼, 이번 정부의 발표 역시 실현 가능성에는 의구심이 남습니다.

1기 신도시 재건축과 135만 호 신규 건설을 추진한다고 하지만, 현재 운정신도시 등 일부 2기 신도시도 아직 완성되지 않은 상태입니다.[9] 3기 신도시 가운데에도, 택지 개발 및 광역 교통망 정비가 순조롭게 진행되고 있는 부천 대장, 고양 창릉, 남양주 왕숙1·2 등이 있는 반면, 수원 군공항 이전 문제로 인해 난항이 예상되는 화성 진안지구 같은 곳도 있습니다. 신도시 입주가 시작된 뒤에도 교통망이 갖추어지기까지 좀 더 시간이 걸릴 것으로 예상되는 곳도 있고요.[10]

한편 하남 교산, 광명·시흥, 안산·의왕·군포지구는 공통적으로 변전소 문제를 안고 있습니다. 예를 들어 하남시는 경북 울진의 원자력 발전소에서 오는 전력을 받을 동서울변전소의 증축을 불허하는 결정을 내렸습니다.[11] 이 결정은 전국적 차원의 그

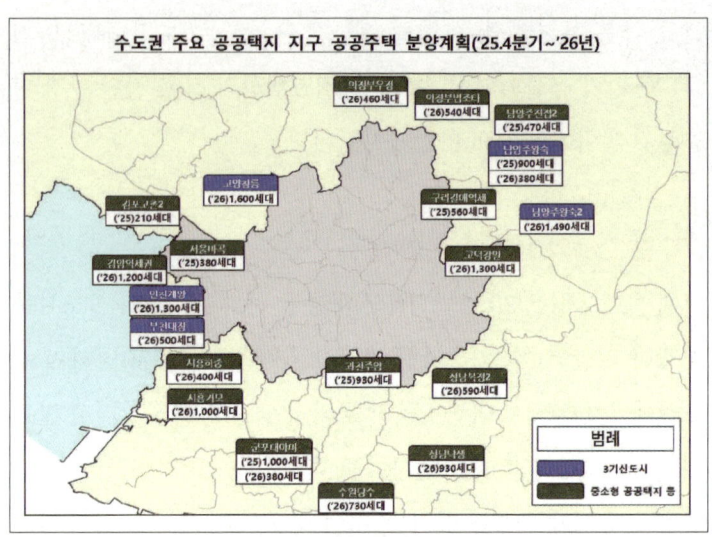

국토교통부에서 2025년 9월 7일 발표한 주택 공급 확대 방안

아직도 미완성인 파주 운정신도시. 2025년 7월

리드 문제를 악화시킬 뿐 아니라, 같은 하남시에서 추진되고 있는 교산신도시의 전력 문제에도 영향을 미칩니다.[12] 광명·시흥지구의 영서변전소 및 안산·의왕·군포지구의 서서울변전소 역시, 이전이 논의되고 있기는 하지만 대체 부지를 마련하는 것이 쉽지 않은 상황입니다.

또한 안산·의왕·군포 지역에서는 자족 도시 개발을 주장하는 지자체들과 고밀도 개발을 주장하는 LH 사이의 입장 차이도 여전합니다. 경기도 안양시의 1기 신도시인 평촌신도시 건설 당시, 안양시는 과천·목동 수준의 밀도로 건설해서 12만 명을 수용하려 했습니다. 하지만 정부는 그 두 배가 넘는 중계동 수준의 밀도로 택지를 개발해 25만 6천 명을 수용하라고 지시했죠. 그래야 2백만 호라는 숫자를 맞출 수 있다는 계산이었습니다.[13] 다른 경기도 도시들도 정부로부터 비슷한 압박을 받았습니다.

하지만 이번에 3기 신도시 건설에 임하는 경기도 도시들은 30여 년 전과는 다른 각오로 임하고 있습니다. 국가가 요구하는 숫자에 맞춘 결과 서울의 베드타운으로 전락하는 게 아니라, 자족 도시를 만들겠다는 각오죠.[14] 강연차 찾아갔던 모 도시의 공무원들은, 자신들의 이런 정책을 국가가 거부하면 3기 신도시 건설 자체를 거부하겠다는 각오를 보이기도 했습니다. 사업 추진 과정에서 난항이 예상된다는 뜻이죠.

마지막으로, 2021년에 LH 직원들의 땅 투기 사건이 터진 뒤, LH에 대한 시민들의 불신이 팽배하다는 점도 사업 추진에 걸림돌이 되고 있습니다. 특히 광명·시흥 지역의 토지 소유주들

의왕시 초평지구에서 확인되는 LH에 대한 불신. 2024년 10월

이 LH 측에 보이는 불신감에 대해서는 저의 다른 책 『대서울의 길』에서 자세히 소개해 드린 바 있습니다.
 전두환 정부의 5백만 호 건설, 노태우 정부의 2백만 호 건설 등, 1백만 호를 넘는 주택을 신규 공급하겠다는 발표는 결국 그 규모가 축소되거나 사업 추진 과정에서 각종 부작용이 발생했습니다. 이번 정부가 내건 135만 호 건설이라는 목표도 2026년의 지방 선거, 2028년의 국회의원 선거, 그리고 2030년의 대통령 선거를 거치면서 성적표를 받게 되겠죠.

위례신사선·위례과천선

위례신사선은 착공이 계속 연장된 끝에 GS건설이 사업을 포기

국토교통부가 2025년 2월 26일 발표한「위례~과천 광역철도 민간투자사업 전략 및 환경영향평가 항목 등의 결정내용」에 실린 노선안

했습니다.[15] 1기 오세훈 서울시장 당시 추진하던 용산역세권 사업이 무산된 것이 이렇게 나비 효과를 일으키고 있습니다.[16]

위례신사선에 비하면 위례과천선은 상대적으로 순조롭게 추진되고 있습니다. 다만 서울 강남구 개포동, 경기도 과천시 주암지구[17] 등에 역을 신설하는 문제로 논란이 이어지고 있습니다. 노선을 과천과 서울 서초구 가운데 어느 쪽으로 더 붙일 것인가 하는 문제도 아직 결론이 나지 않은 상태입니다.[18] 위례과천선의 노선과 역이 어떻게 결정되든, 위례신사선과는 달리 강남의 핵심 지역으로 들어가지 않는다는 것이 위례신도시 주민들에게는 아쉬움으로 남게 될 겁니다. 현재의 계획 노선이 위례신도시 중심부까지 들어오지 않는 것에 대해서도 논란이 이어지겠죠.[19]

5 대서울권   167

결국 위례신도시의 정체성은 무엇일까요? 모 방송에서 남위례역 근처의 상가에 대해 말하면서 여기가 "서울 맞아?"라고 캡션을 달았더군요.[20] 그런데 남위례역 주변은 서울이 아니라 성남입니다. 그러니까 애초에 서울이 아닌 곳에 가서는 "서울 맞아?"라고 질문한 거죠. 만약 방송에 등장한 남위례역 근처의 상가가 위례신도시 중 서울에 포함된 지역이라면, 남위례역부터 서울시의 경계까지 도보 18분 거리이니 애초에 역 근처라고 할 수 없습니다.

위례신도시는 서울 송파구, 성남 수정구, 하남 학암동에 걸쳐 조성된 택지 지구입니다. 그렇지만 이 방송의 캡션이 보여 주듯이, 바깥에서는 대체로 이 지역을 전부 서울로 보고 있습니다. 선거 때마다 위례신도시에서 서울 편입 주장이 나오는 것처럼,[21] 지역 주민들 가운데도 이런 상황에 불만을 가진 경우가 있습니다.

하지만 지방자치제도가 실시된 뒤에 택지 지구를 순순히 다른 지역에 넘긴 사례는 거의 없습니다. 충청남도 연기군을 모태 삼아 세종시가 만들어질 때 충청남도 공주군 장군면과 충청북도 청원군 부용면이 편입된 사례가 있기는 합니다. 이 경우는 행정수도를 완성하기 위해 충청권이 힘을 합친다는 차원에서 이루어진 거죠.

혁신도시들이 비효율성에도 불구하고 두 개의 지자체에 걸쳐 만들어지는 경우가 많은 걸 보면, 위례신도시도 혁신도시와 마찬가지 방식으로 건설되었다고 이해할 수 있습니다. 혁신도

위례과천선 주암역이 들어설 과천주암지구 건설 현장. 2023년 1월

서울 강남구 개포동에서 본 위례과천선 포이사거리역 신설 주장 현수막. 2023년 5월

개포동 구룡마을에서 본, 위례과천선 구룡산역 설치 주장 현수막. 2025년 5월

서울 송파구 올림픽훼밀리타운에 내걸린 현수막에서,
위례신사선 노선을 둘러싼 갈등을 확인했습니다. 2024년 1월

시는 두 개의 지자체 사이에 걸쳐 있는데, 위례신도시는 세 개의 지자체 사이에 걸쳐 있어서 문제가 더 복잡하고요. 2026년 지방 선거 때에도 위례신도시 전체를 서울에 편입하자는 공약이 난무하겠지만, 잘 판단하시면 되겠습니다.

경기 서남부의 교통과 연약 지반

지역 정치인들의 주장과는 달리 인천발·수원발 KTX 개통은 예상보다 늦어지고 있습니다.[22] 또 경부고속선의 평택-오송 구간 용량이 포화 상태여서, 인천발·수원발 KTX가 개통되더라도 차량이 많이 배당될 수 없는 것이 현실입니다.[23] 하지만 이 책이 나올 2025년 말부터 2026년 6월의 지방 선거가 치러지기 전까지, 이들 지역에서는 인천발·수원발 KTX 이야기가 참 많이 나올 겁니다. 적절히 걸러 들으시기 바랍니다.

특히 인천발 KTX는 개통된다고 해도 인천 전역에 파급 효과가 있지는 않을 겁니다. 인천발 KTX는 인천 서남쪽 끝의 송도역에서 출발해서 안산 초지역, 화성 어천역을 거쳐 매송분기점에서 경부고속선과 합류하게 되어 있습니다. 송도역 자체가 인천 전체에서 보면 서남쪽에 치우쳐 있고, 송도 지역 가운데에서도 송도신도시가 아닌 송도 구도심 쪽에 있다 보니, 300만 인천 시민이 이용하거나 송도신도시 주민들이 이용하는 데에 모두 불편함이 있죠. 따라서 많은 인천 시민들, 특히 청라·검단·부평 지역 주민들이 서울역·광명역을 이용하는 상황은 앞으로도 이어질 것으로 보입니다.

인천발 KTX 노선인 경기 화성시 어천역 공사 현장. 2024년 5월

어천역 인근의 부동산업체. 2024년 5월

어천역 인근에 내걸린 개발 반대 현수막. 2024년 5월

이런 상황은 인천의 일각에서 추진하는 것처럼 인천발 KTX를 인천역 또는 영종도의 인천공항까지 연장해도 마찬가지입니다.[24] 인천역과 인천공항 역시 인천의 서쪽에 치우쳐 있기 때문이죠. 인천의 행정·정치권에서는 인천발 KTX 연장 계획을 제5차 국가철도망 계획에 추가하려 한다 합니다. 그런데 제5차 국가철도망 계획에 자기 지역의 철도 구상을 넣으려는 것은 전국의 지자체가 모두 마찬가지입니다. 그러니까, 제5차 국가철도망 계획에 사업을 넣는 것을 추진한다는 소식은 일단 선거용 발표라고 봐도 무방합니다.

인천의 중심인 부평·주안 등에 KTX역이 만들어져서 인천 시민들이 골고루 접근하기 좋아지지 않는 한, 인천발 KTX는 "우리 지역에도 KTX역이 있다"는 자존심 이상의 편리함을 주기는 쉽지 않을 것 같습니다.

한편, 인천 청라국제도시역 인근에서 지반 침하가 일어나면서, 수도권전철 7호선 청라 연장선 준공이 연기되었습니다.[25] 고양시의 연약 지반 문제도 현재 진행형입니다.[26] 2021년 12월에 지반 침하로 붕괴 위험이 노출된 수도권전철 3호선 마두역 인근의 건물은 시공 당시에 지반 공사를 부실하게 했던 것으로 드러났죠.[27] 시화 간척지에 조성 중인 송산그린시티에도 오염과 연약 지반 문제가 존재합니다. 물론 연약 지반 처리 공사가 이루어지고는 있습니다만, 다른 지역들에서 간척지를 택지 개발해 온 상황을 돌이켜 보면 우려가 완전히 불식되지는 않습니다.

청라국제도시역 근처의 지반 침하 상황. 2025년 8월

지반 침하로 사용이 중단된 경기 고양시 일산신도시의 한 빌딩. 2025년 3월

시화 간척지 송산그린시티 서측지구 사업 대상지. 2025년 8월

미래 한국의 먹거리를 만들어 낼 삼각형

서울 성북구 정릉을 답사 갔을 때, 여기는 사대문 밖이어서 기삿거리가 되지 않는다는 모 경제지 기자의 발언을 들은 적이 있습니다. 한국일보가 서울 강북 사대문 밖에 사옥을 마련하자, 언론사가 사대문 밖으로 나가면 어떻게 하느냐는 비판도 일각에서 있었죠. 어떤 행사에 참석해서 전국을 답사한 이야기를 하다가, 어느 기자가 "서울 바깥은 시골이죠"라고 아무렇지도 않게 말해서 충격받은 적도 있습니다.

이런 인식이 한국 지배 집단 사이에 공유되고 있으니,「같은 시골인데…당진은 원룸까지 꽉차, 반월공단은 '텅' 무슨 차이?」[28] 같은 놀랄 만한 기사 제목이 데스크를 통과한 것이겠지요. 안산 반월공단을 "시골"이라고 부르는 용기가 놀랍습니다.

또 그렇게 "반도체의 평택"을 강조하면서도 막상 평택의 상황을 잘 모르고 쓰는 기사들이 확인됩니다. 예를 들어 어떤 경제지는, 평택에 미분양 아파트 단지들이 많은데 왜 택지 개발을 또 하냐는 기사를 내보낸 적이 있습니다.[29] 그런데 이 기사에서 미분양 지역으로 거론한 것은 평택 서부의 화양지구였고, 정부가 미니신도시 개발을 추진하는 지역은 평택 동부의 삼성전자 남쪽입니다. 직선거리로 15킬로미터 떨어져 있고, 자가용으로 30분 가까이 걸립니다.

평택은 넓습니다. 트럼프[30]·바이든[31] 대통령이 주목한 평택 동부는 수도권전철 1호선·KTX·SRT 권역이고, 평택 서부 안중은 서해선·신안산선 권역입니다. 반도체 특수가 있는 평택 동부

경기 평택시 삼성전자. 2024년 8월

삼성전자 남쪽 평택지제역 역세권에 게시된 개발 반대 현수막. 2024년 12월

공사가 한창인 평택시 안중읍 화양지구. 2025년 5월

지제역 주변의 아파트 단지, 그리고 이와는 전혀 다른 평택 서부 안중읍 현덕면 화양리의 아파트 단지를 비교한다는 건, 조금이라도 평택을 아는 사람이라면 애초에 시도조차 하지 않는 접근일 것입니다.

심지어 기사에서 거론되는 아파트 단지들이 위치하는 평택 화양지구는 안중읍 시내를 끼고 서해선 안중역과도 반대 방향인 평택항 쪽에 자리하고 있습니다. 평택에서 반도체 관련으로 주택 수요가 꾸준히 증가하는 지역은 동북부의 지제에서 중부의 팽성 정도까지고요. 팽성으로부터 서쪽은 생활권이 다릅니다. 삼성전자의 실적이 나빠지면서 평택시는 세수 비상에 걸렸고 평택 동부 지역도 타격을 받는 상황입니다.[32] 하물며 서부 지역의 사정은 어떻겠습니까.

안중까지 가지 않더라도, 삼성전자 서쪽의 지식산업센터 즉 아파트형 공장들도 공실 문제가 여전히 심각합니다.[33] 삼성전자가 있으니 협력 업체들이 많이 입주할 거라는 막연한 생각으로 많은 투자가들이 분양을 받았다가 물려 버린 상황이 몇 년째 이어지고 있죠. 1가구 1주택 정책을 밀어붙이던 몇 년 전에 생활형숙박시설과 함께 수많은 투자가들이 몰려든 부동산 상품이었습니다.

서울 서남부 모처에서 강연을 했을 때, 어떤 재건축 추진 위원장이 지식산업센터 즉 아파트형 공장을 입주시키면 수익성이 높아질 거라면서 해당 재건축 사업의 성공을 자신하던 모습이 떠오릅니다. 그 뒤로 그 지역에 갈 때마다, 그 사람이 자기 꾀에

화성시 향남읍에서 입수한 전단지. 화양지구가 GTX 역세권인 양 홍보합니다. 2025년 2월

화양지구에서 평택지제역까지는 차편으로 최소 26분 걸립니다.

미분양 상황인 평택 삼성전자 서쪽의 지식산업센터. 2025년 5월

넘어가는 모습을 보게 되겠구나 생각하고는 합니다. 어떤 방송에서 "투자 광풍"[34]이라고 표현한 것처럼, 몇 년 전의 지식산업센터 열풍은 일종의 한탕 사기극이자 부동산 정책 실패라고 생각합니다.

시민들이 이렇게 투자 실패를 하는 건 애초에 정부가 정책에 실패하고 부동산업계가 과장·허위 광고를 한 탓도 있지만, 정확한 정보를 제공해야 하는 언론·블로거·유튜버 등의 발신자들이 애초에 정확한 정보를 파악하지 못한 탓도 큽니다. 특히 언론은 서울 사대문 안에 세계관이 갇혀 있다 보니, 떠오르고 있는 미래의 도시들을 알아채지 못하는 경우가 많습니다.

예를 들어, 화성시는 인구 1백만에 도달했습니다. 도농 복합 도시이자 다인종 사회인 화성시의 성장은 한국의 미래를 앞서 보여 주고 있습니다. 경기도 평택, 충청남도 천안·아산·당진, 충북 청주·음성·진천 등도 빠르게 성장하고 있는 도시들입니다. 이들 도시는 미래 한국의 새로운 먹거리를 만들어 내고 있는 최전선입니다.

충청남도 당진시 북부의 공업 지대는 반세기 전의 서울 강남이 그랬던 것처럼 하루가 다르게 경관이 바뀌고 있습니다. 당진 북부를 포함하여 경기 서남부와 충남 북부에 걸쳐 조성되고 있는 베이밸리 메가시티. 이 거대 프로젝트의 핵심은 반도체·자동차·석유화학입니다. 이들 산업은 각각 단기적으로 호황·불황을 겪을 수 있으나, 장기적 관점에서는 이 지역의 성장을 촉진할 것입니다.

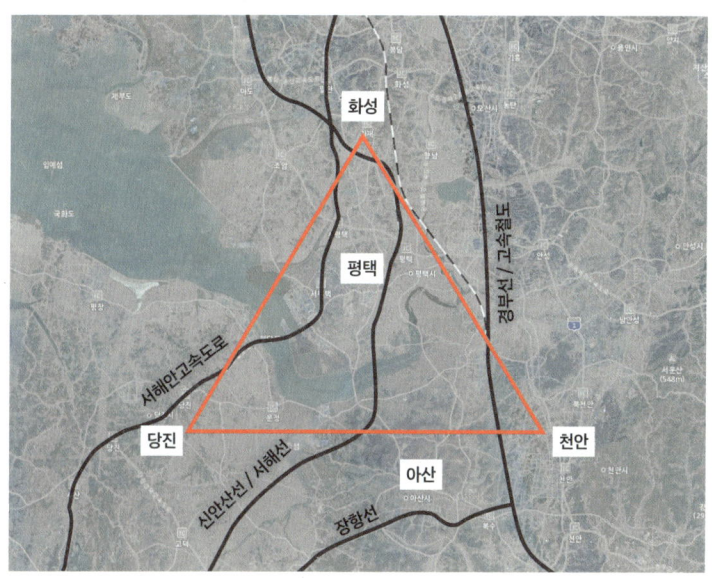

평택 서부와 아산을 중심으로
화성-당진-천안이 만들어 내는
삼각 지대의 많은 부분이
근현대에 탄생한 간척지입니다.

아산만 베이밸리 홍보 팸플릿

화성 기아자동차 공장. 2023년 2월

충남 천안과 아산에 걸쳐 형성되고 있는 '삼세권'. 2025년 5월

충남 당진시 석문국가산업단지의 야경. 2025년 9월

충남 서산시 대산석유화학단지. 2025년 9월

6
동남권

가덕도 신공항의 행방

부산의 행정·정치권은 2030년 엑스포를 유치함으로써 도심 재개발 및 가덕도 신공항 등 각종 현안을 한꺼번에 해결하려 했습니다. 하지만 투표에서 큰 득표수 차이로 사우디아라비아에 패하는 바람에 이런 계획은 물거품이 되었습니다. 메가 이벤트를 유치해서 숙원 사업을 해결한다는 전략은 2023년에 부산 엑스포 유치가 실패하고, 또 전라북도 새만금 간척지에서 열린 잼버리 대회가 실패로 끝나면서 수명을 다했습니다.[1]

그럼에도 불구하고 행정·정치권에서는 전라북도 전주를 중심으로 여러 지역에서 2036년에 하계 올림픽을 유치한다는 계획을 또다시 발표했습니다. 새만금에 올인하느라 다른 분야의 발전에 소홀했던 전라북도가, 올림픽을 유치한다고 같은 실수를 반복하는 것은 아닌지 걱정됩니다.[2] 다만 이번에는 전라북도 단독이 아니라 광주·전남·충청·대구 등의 다른 지역과 연합해서

전북 익산역에서 입수한 2036년 전주올림픽 유치 추진 홍보 자료. 2025년 9월

본격적으로 재개발이 시작된 부산 서구 충무동의 속칭 완월동 집결지. 2025년 4월

추진한다고 하니, 이번에 올림픽 유치를 준비하면서 해당 지역들의 스포츠 인프라가 개선되는 효과가 있다면 다행이겠습니다.

엑스포 유치가 실패하면서 각종 개발 계획이 무산되어, 부산 원도심 재개발에는 제동이 걸렸습니다. 부산시 측이 2029년 개항을 희망하고 있는 가덕도 신공항에 대해서도 속도 조절 움직임이 보입니다. 이런 움직임에 대해 부산의 일각에서는 신경질적인 반응을 보이기도 합니다.[3] 수도권의 부산 때리기라는 거죠. 그리고 공기업이나 민간 기업의 본사를 부산으로 옮겨 균형 발전을 추구해 달라고 요구합니다.

하지만 이들의 주장에서는 부산 이외의 다른 지역에 대한 배려는 보이지 않습니다. 부산이 성장하는 것이 곧 균형 발전이 이루어지는 것이라는 부산 중심주의입니다. 물론 전국의 모든 지역이 이런 입장을 보이고 있기는 합니다. 하지만 한국 제2의 도시인 부산이 이런 모습을 보인다면, 전국 각 지역은 서울과 경기도, 여기에 충청남북도 일부가 결합한 대서울권에 각개 격파당할 뿐입니다.

강석훈 전 산업은행 회장은 2023년 부산 측에 대해, 국가 균형 발전 논리를 내세워 산업은행 이전을 요구하지 말라고 조언한 바 있습니다. "균형 발전을 위한다면 부산이 아니라 부산보다 더 낙후된 곳으로 산은을 옮겨야 하기 때문"[4]입니다. 산업은행 본사의 부산 이전 가능성은 매우 낮아졌지만,[5] 강석훈 전 회장의 이 말은 여전히 핵심을 찌르고 있습니다.

동남권 신공항은 2029년 완공이라는 엑스포 유치전 당시

동남권 신공항 논의의 시발점이 된 2002년 4월 15일 김해 중국국제항공 129편 추락 사고의 희생자를 기리는 추모탑에 다녀왔습니다. 2025년 4월

의 목표만 버리면 그래도 현실성이 생길 겁니다. 하지만 부산시는 현대건설·포스코이앤씨가 이탈하고 국토부 측에서 공기 연장을 제안하고 있음에도 불구하고[6] 여전히 2029년 준공이라는 목표를 바꿀 의사가 없어 보입니다.[7] 휴업하는 공항 리무진을 대체할 임시 버스의 번호에 2029번을 부여한 것도 그런 의지의 표현으로 보입니다.[8]

한편 동남권 신공항이 무산된 뒤에 동남권과 대구·구미·김천 소권은 각각 가덕도 신공항과 대구경북 신공항으로 각자의

길을 가고 있습니다. 하지만 여전히 상대측 공항이 "관문 공항", "중추 공항" 등의 용어를 쓰는 것을 견제하는 등,[9] 2002년의 여객기 추락 사고에서 시작된 동남권 신공항 건설 논란은 여전히 진행 중입니다. 수원공항의 화성시 이전을 둘러싼 수원과 화성의 갈등, 광주 군공항의 무안공항 이전을 둘러싼 광주·무안·전라남도의 삼각 갈등과 더불어, 공항 건설·이전이 얼마나 어려운 일인지를 잘 보여 주는 사례입니다.

부산과 주변 도시들의 긴장 관계

2020년 6월에 개통될 예정이었지만 2020년 3월에 낙동강 하저 터널이 붕괴하면서 지금껏 개통되지 못하고 있는 경전선 부전마산 복선전철. "내년 철도"라는 오명으로 불리고 있는 이 부전마산선이 과연 올해는 부분적으로라도 개통할까요?

2024년 9월 부산MBC가 연속 보도한 바에 따르면, 터널 붕괴를 일으켰던 연약 지반 상황이 당초 전해진 것보다 더 심각할 가능성도 있어 보입니다.[10] 사고를 둘러싼 소송전도 예고되어 있죠.[11] 2025년 하반기에 부산 강서금호역 – 창원 마산역 간을 부분 개통할 것으로 예상되지만, 완전 개통까지는 앞으로도 상당히 많은 시간이 걸릴 것으로 예상됩니다.

또 터널 붕괴 사고가 일어난 근처에서 진행 중인 사상하단선 공사 현장에서도 10여 차례 싱크홀이 발생하고 있습니다. 이처럼 부전마산선·사상하단선 공사에서 연약 지반 문제가 예상보다 더 심각하다는 사실이 드러나다 보니, 건설사들은 이들 지

부전마산선과 부산신항선이 김해평야에서 갈라지는 지점. 2025년 4월

부전마산선 김해 장유역 역세권의 미래는 어떨까요? 2025년 4월

부산 사상하단선 공사장 지반 침하 사고 현장. 2025년 4월

하단녹산선 지하화를 주장하는 현수막이 부산 강서구 명지신도시에 게시되어 있었습니다.
2023년 7월

역과 마찬가지로 연약 지반 문제를 지니고 있는 하단녹산선 건설사업에 입찰을 꺼리고 있습니다.[12]

낙동강 하류 지역이 심각한 연약 지반 문제를 안고 있다는 사실을 동남권 시민들이 인정한다면, 연약 지반 지역에 무리해서 지하화하는 대신 고가·교량을 설치하는 등의 대안을 선택하는 것이 가능해집니다. 부전마산선 지하 터널 사고가 일어난 2020년 시점에라도 서낙동강처럼 지상 철교를 놓는 것으로 계획을 바꾸었다면, 부전마산선은 이미 전 구간 운행되고 있었을 가능성도 있습니다.

도대체 지하화란 뭘까요? 이쯤 되면 '지하화'는 '집값'에 이어 한국 시민들의 또 하나의 신앙이 되었다고 말하지 않을 수 없습니다.

부전마산선은 2025~2026년 시점에 부분 개통할 것으로 보이지만, 진정한 수요처인 부전까지 완공되려면 좀 더 많은 시간이 필요할 것 같습니다. 부전까지의 노선이 완공되지 못한다면 부전마산선의 진정한 파워는 발휘되지 못할 겁니다. 영동대로 지하공간 복합개발 사업이 늦어지는 바람에 GTX-A가 남북으로 분단되다 보니 예상 이용객을 확보하지 못하는 것과 마찬가지입니다.

하지만 결국 부전마산선은 전 구간 개통되겠죠. 그 혜택을 가장 크게 받을 지역은 서부산과 창원 사이에 자리한 김해시 남부의 택지 지구들입니다. 하지만 이들 택지 지구에서 부전마산선 역으로의 접근성이 좋지 않다는 게 문제입니다. 예를 들어 장

유지구의 경우, 아파트 단지 밀집 지역에서 장유역까지는 도보로 20분 가까이 걸리고 주차장은 넓지 않습니다. 두 포인트 사이에도 택지 개발 계획이 있기는 합니다만,[13] 현장에서 느낀 바로는 과연 언제쯤 연담화될지 짐작이 잘 되지 않았습니다.

    부전마산선의 서쪽 종착점인 통합 창원시에서는, 옛 창원시 지역과 옛 마산시 지역의 격차가 점점 심해지고 있습니다.[14] 창원은 2024년에 인구 1백만 명 선이 붕괴되었고, 외국 국적 동포와 등록 외국인을 포함해서 겨우 1백만 명 수준을 유지하고 있습니다.[15]

    창원시는 무엇보다도, 시내의 아파트 단지 가격을 낮추는 노력을 해야 할 겁니다. 지금 상황에서는 창원의 공장에서 근무하는 청년들이 창원 시내에서 집을 구하지 못해 타지에서 출퇴근할 수밖에 없습니다.[16] 이를 위해서는 택지 개발이 필요할 텐데요, 창원-김해-부산이라는 인구축에서 벗어나 있는 서북쪽의 의창구 북면에 택지 개발을 하는 실책을 저질렀습니다.[17] 그렇다 보니 김해시 서쪽의 진영 및 주촌선천지구 등이 사실상 창원의 택지 지구로 기능하고 있습니다.[18]

    성남시가 분당·판교에서 겪었던 실패를 창원이 되풀이하는 것으로 보입니다. 분당·판교에서 일하는 직원들이 성남시 안에서 집을 구하지 못해 주변 지역으로 나간 바람에 인구 1백만 명을 넘지 못한 것처럼, 창원도 같은 문제로 인구 1백만 명을 위협받고 있는 겁니다. 지금 상황이라면 창원시는 2029년에 특례시 자격을 박탈당합니다.[19] 이런 상황을 타개하기 위한 방안으로서

위치 설정이 아쉬운 창원시 북면신도시. 2024년 5월

창원의 배후 주거지로 기능하는 김해 주촌선천지구. 2024년 5월

창원 성산구 중앙동의 모델하우스. 창원 메가시티는 성사될 수 있을까요?

창원 마산합포구에 있는 옛 롯데백화점 마산점. 2025년 6월

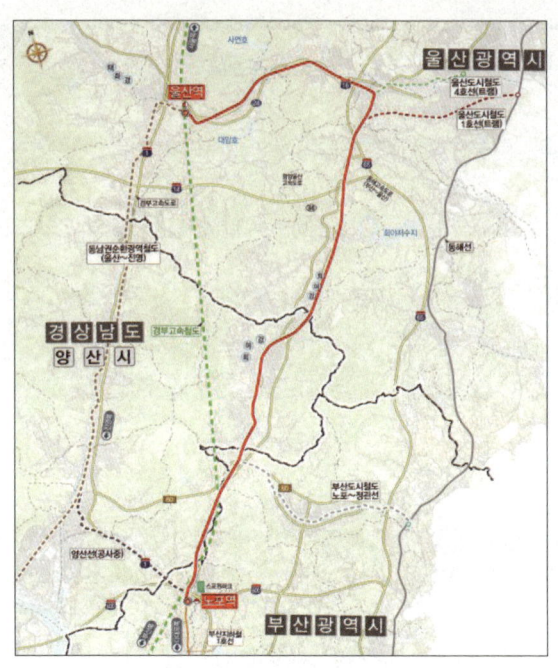

동남권 철도 부설 계획. 부산-양산-울산 광역철도 사업은 기획재정부의 2025년 제7차 재정사업평가위원회 결과, 예비타당성 조사를 통과했습니다.

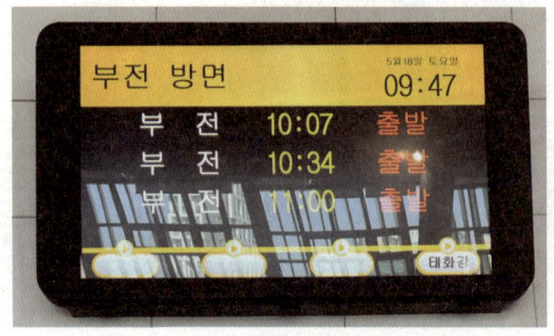

울산 태화강역 전광판에서 본 동해선의 배차 간격. 2024년 5월

창원시의 일각에서는 메가시티를 주장하고 있는데, 인구 감소 문제에 대한 현실적인 대안으로는 보이지 않습니다.

이번에는 부산의 동쪽 지역으로 눈을 돌려 봅시다.

부산은 수도권으로의 인구 유출을 강조하면서, 부산에 산업은행이니 해수부 등을 옮겨 와서 균형 발전을 이루어야 한다고 주장하고는 합니다. 하지만 주변 지역에서 부산으로 인구가 이동해서 주변 지역의 인구가 줄어드는 데에는 침묵하는 경향이 있습니다.

예를 들어, 동남지방통계청의 〈2025년 1분기 동남권 인구이동통계〉를 살펴보겠습니다. 부산에서 빠져나간 인구는 서울·경기·인천 순서로 총 3,374명이었습니다. 한편 울산에서는 2,733명이 서울·경기·부산 순서로 빠져나갔고, 특히 울산 청년층은 부산·서울·경남 순서로 빠져나갔습니다.[20]

울산의 시민들이 부산으로 빠져나간 것은, 두 도시 사이의 교통이 편리해지고, 기장 정관·일광 등 부산 동부 지역 개발이 활발하기 때문입니다.[21] 30분에 한 대꼴로 배차 간격이 멀기는 하지만 도시철도 동해선이 개통되었고,[22] 31번 국도가 개통되면서 두 도시 간의 이동 시간이 28분에서 9분으로 줄어드는 등 도로교통도 편리해졌습니다.[23]

풍산 공장 이전 논란이 보여 주는 지역 내 갈등 구도

방금 말씀드린 것처럼, 부산의 새로운 중심이라고 하면 센텀과 벡스코가 자리한 해운대 일대, 그리고 오시리아가 자리한 기장을 들 수 있습니다.

이들 지역은 장산이라는 산의 동서남쪽에 자리하고 있죠. 장산의 북쪽에는 반세기전 부산 구도심에서 이주되어 온 반여·반송 정책 이주지가 있고, 반여농산물시장이나 풍산 부산사업장 같은 특수 시설도 자리하고 있습니다. 풍산 공장은 식민지 시기의 병기 수리창 부지를 이어받아 들어선 조병창을 계승한 곳으로, 부산 조병창에서는 국산 총기류가 제조되어 왔습니다.[24]

이들 특수 시설들을 개발하는 사업이 센텀2지구 도시첨단산업단지 사업인데요, 이를 위해서는 방산업체인 풍산 공장을 옮겨야 한다는 전제가 있습니다. 부산에서는 1966년부터 사하구에서 영업하던 YK스틸을 충남 당진으로 밀어내고 아파트 단지를 짓는 일이 벌어져서 비판 여론이 거셌습니다.[25] 인구와 세수를 늘려 주는 산업체를 밀어내고 아파트 단지를 짓는 것이 부산의 미래에 도움이 되지 않는다는 거죠.

이 사건 이후 부산시는, 센텀2지구를 개발하기 위해 풍산 공장을 다른 곳으로 옮기되, 어떻게든 부산시 바깥으로 내보내지 않기로 했습니다. 그 대상지로 지목된 곳이 부산과 울산의 경계 지역에 자리한 기장군입니다. 기장군에는 기존에도 산업단지들이 자리하고 있고, 그 밖에 원자력 발전소와 한센병력자 마을도 있는 등, 부산 내에서 땅끝 취급을 받아 왔습니다. 이런 와중에, 해운대를 개발하기 위해 기장에 무기 공장을 또 옮겨 온다고 하니 현지에서 난리가 날 만하죠.[26]

특히 풍산까지 옮겨 오면 사방이 공장에 포위되어 버릴 상

부산 사하구 구평동에서 충남 당진으로 옮겨 가기로 한 YK스틸. 2021년 7월

부산도시공사에 게시된 센텀2지구 개발 조감도. 2025년 7월

부산 해운대의 풍산 공장을 이전할 장소로 지목된 부산 기장군 장안읍 대룡마을. 2025년 7월

황에 놓인 대룡마을을 실제로 찾아가 보니, 주민들이 저희 일행을 경계하는 등 외부인의 접근에 극도로 예민한 모습을 보였습니다.[27] 마을 입구에는 이런 플래카드가 걸려 있었습니다. "풍산금속 장안읍 이전 / 장안읍민은 결사 반대! / 안전하면 부산시청 앞으로 이전하라!" 원자력 발전소가 밀집되어 있는 동남권에서는 "정말 안전하다면 서울에 짓자!"라는 구호를 쉽게 들을 수 있습니다.[28] 대룡마을 주민들의 주장도 본질적으로는 이와 동일합니다.

　이번에는 기장군 장안읍이 풍산 이전 대상지로 거론되고 있지만, 2021년에는 기장군 일광읍이 이전 대상지로 언급된 바 있습니다. 이렇다 보니 현재 기장군 전체가 부산시 측의 발표에 반대하고 있습니다. 과연 센텀2지구 사업이 부산시 측의 계획대로 진행될지는 예측 불가입니다. 제가 만난 부산 시민들 중에는 센텀2지구 개발이 금방이라도 시작될 것이라고 믿고 계신 분들이 많던데요, 군부대나 방산업체를 옮긴다는 것이 쉽지 않다는 사실을 염두에 두시면 좋겠습니다.

부산시는 산업은행·해수부 등의 부산 이전을 주장하면서 균형 발전을 주장한 바 있습니다. 속칭 좋은 직장이 대서울권으로만 몰리고 기타 지역은 차별받는다는 논리죠. 그런 부산시가, 풍산의 사례에서 보듯이 부산 핵심 지역을 개발하기 위해 부산 외곽 지역에 부담을 떠넘기는 모습을 보이고 있습니다.

2021년에 가덕도 신공항 예정지인 가덕도를 찾아갔더니, 현지 주민들이 이런 플래카드를 내걸어 두었더군요. "유권자 적은 게 천추의 한이다~? 유권자 만 명만 되어도 이런 개무시 하겠나!" 부산의 서남쪽 끝에서 울려 퍼지는 가덕도 주민들의 이 목소리가, 부산의 동북쪽 끝 기장군에서도 들리고 있습니다.

부산시가 부산 내부의 이런 갈등을 잘 해결할 수 있다면, 그

가덕도 현지에 내걸린 가덕도 신공항 반대 현수막. 2021년 5월

리고 부산 인구가 늘고 줄어드는 것에만 관심 갖는 대신 주변 도시들과 협력해서 인구 문제를 공동 대처하는 방안을 찾아낼 수 있다면, 부산시가 요구하는 균형 발전이라는 명분도 더욱 힘을 받을 겁니다.

동남권 방위 벨트의 현황

부산·창원에서 거제·사천·진주를 거쳐 여수·순천·광양·고흥까지 걸쳐 있는 동남권 방위 벨트로 관련 업체와 인력들이 집결하고 있습니다.[29] 이에 따라 창원·진주·순천 등의 거점 도시는 성장 모멘텀을 잡았죠. 하지만 우주항공청이 들어선 사천이나 나로기지가 있는 고흥 등은, 주변의 거점 도시가 자기 도시의 인구와 산업을 빼앗아 간다고 불만스러워하는 모습도 보입니다.

특히 사천과 진주 사이에는 갈등이 첨예합니다. 두 도시는 예전부터 동일 생활권이었는데, 최근 사천의 방위산업이 성장하면서 진주에 주거를 두고 사천의 기업에 출퇴근하는 인구가 늘어나자[30] 진주 측이 행정 통합을 주장하고 나섰습니다. 그러나 직장과 주거가 두 도시에 걸쳐 있다고 해서 통합해야 한다는 논리는, 대서울권이나 여수·순천·광양의 사례를 보아도 설득력이 높아 보이지는 않습니다.

더욱이 진주 쪽이 일방적으로 행정 통합을 제안하는 데 대해서도 카운터파트인 사천 측은 불만을 갖고 있죠. 전라북도에서 전주 쪽이 계속해서 행정 통합을 요구하고 카운터파트인 완주 쪽이 계속해서 거부하는 것과 마찬가지 상황입니다. 이렇다

진주와 사천의 통합을 주장하는 경남 진주시 측의 팸플릿

보니 사천 측에서는, 진주 쪽 행정가들이 정치적인 계산에서 이런 요구를 하는 것은 아닌가 하는 추측까지 하고 있습니다.[31] 이런 추측이 맞다면, 2026년 지방 선거 때에도 사천·진주 통합 논란과 전주·완주 통합 논란은 상당히 혼란스럽게 전개될 것으로 예측할 수 있습니다.

사천군과 삼천포시가 1995년에 통합해서 탄생한 통합 사천시는, 20세기 중기에 항구·철도·제철소 등 여러 개발 계획이 추진되다가 좌절된 역사를 갖고 있습니다. 식민지 시기에는 대전·김천에서 삼천포를 거쳐 일본으로 향하는 교통망을 갖추려다 제국주의 일본이 패망해서 좌절되었고,[32] 박정희 정권 때에는 제철소를 삼천포에 지으려다가 포항에 짓는 일도 있었습니다.[33] 철도가 놓였으면 삼천포는 부산·목포급의 항구도시로 성장했을 거고,[34] 제철소가 건설되었다면 포항·울산급의 공업도시가 되었 겠죠.

이렇게 성장 모멘텀을 자꾸만 놓치다 보니, 사천에서는 예전 계획들을 어떻게든 부활시켜 달라는 요청을 해왔습니다. 그 가운데 삼천포항 등의 일부 계획은 실현되기도 했지만, 효과가 크지는 않습니다. 식민지 때 구상된 삼천포항 구상은 2000년대에 실현되었지만, 만들어진 뒤에 물동량이 충분하지 못해서 시설 상당수를 놀리고 있습니다.[35]

또 대전·김천에서 이어지는 대삼선·김삼선 철도 구상은 1960년대에 진주-삼천포 간의 진삼선으로 실현되었다가 폐지되었습니다. 대삼선은 현재 통영대전고속도로로 실현되었고 김삼선 철도는 남부내륙선으로 부활했지만, 두 노선의 종착점이 모두 삼천포가 아니게 된 것이 사천(삼천포) 시민들로서는 울적한 일입니다.

이렇게 성장 기회를 여러 번 놓쳐 온 사천시 측은, 우주항공청을 유치함으로써 백 년간의 꿈을 드디어 실현시키려 하고 있습니다. 이런 와중에 진주시가 행정 통합을 하자고 나섰으니, 사천시 측이 반발하는 것도 납득됩니다. 얼마 전 진주에 갔다가, 진주시가 제작한 '진주 음식 & 여행 이야기'라는 관광 팸플릿을 입수했습니다. 표지 오른쪽 윗부분에 우주선과 인공위성이 그려

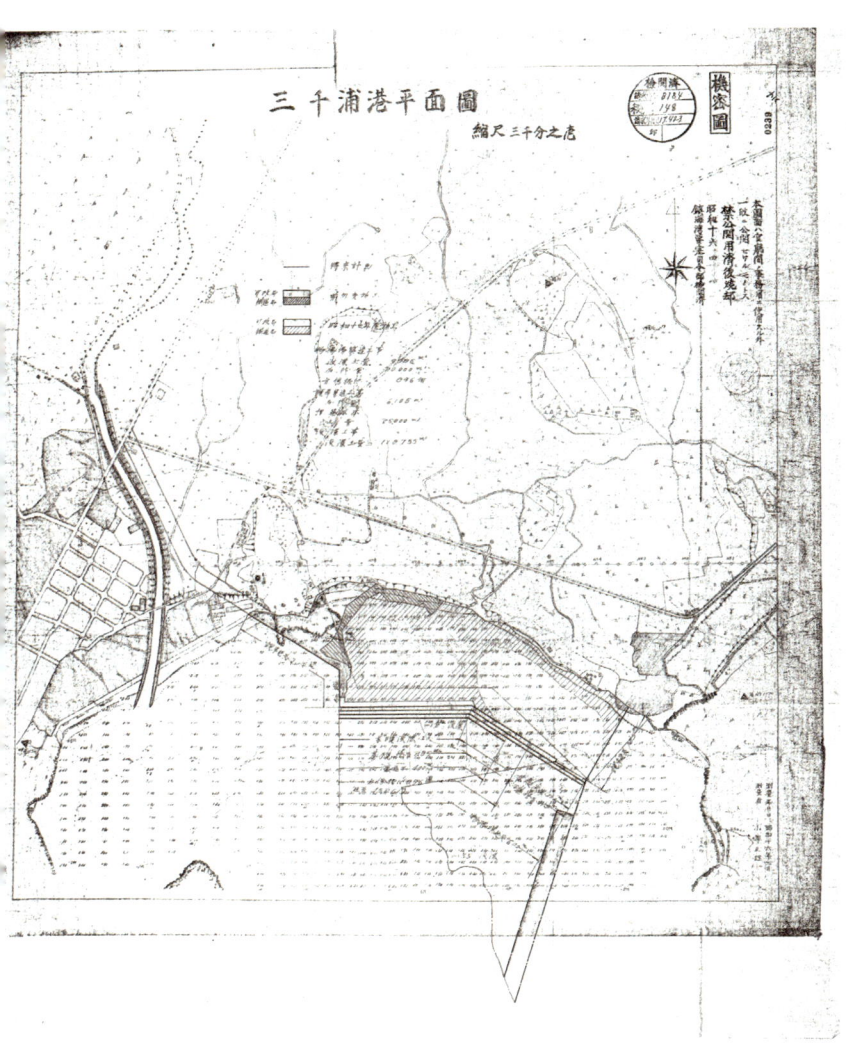

쇼와17년(1942) 삼천포항 수축공사 실시계획의 건. 국가기록원 소장

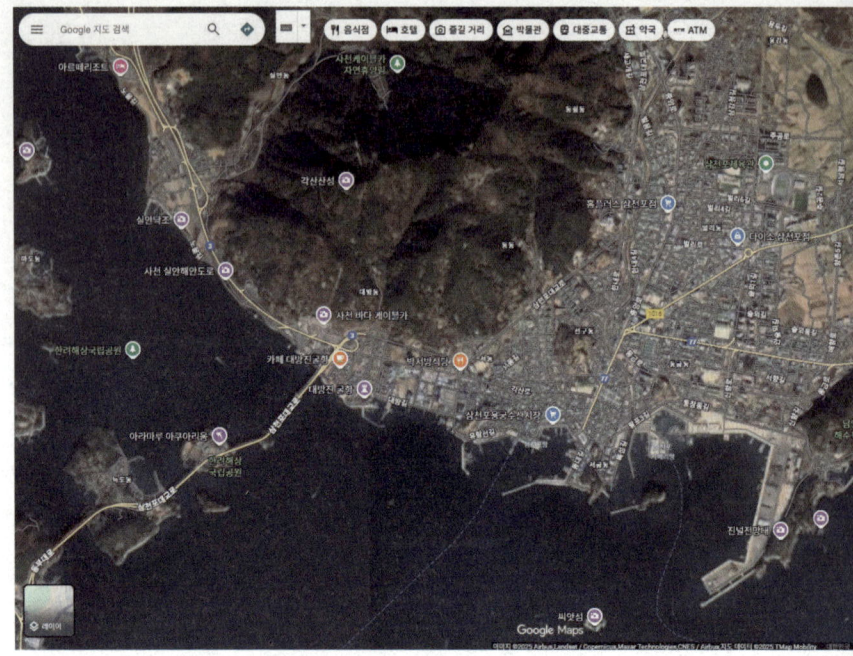

현재의 삼천포항

『사진으로 보는 포항종합제철 십년』(1978)에서 포항제철 입지 선정에 대해 언급하는 부분. 삼천포가 물망에 올랐음을 확인할 수 있습니다.

사천IC교차로 옆에 설치된 사천시 캐릭터 조형물

사천시가 유치한 우주항공청을 연상하게 하는 상징물이 그려진 진주시의 관광 팸플릿

김해시 진영역과 창원중앙역 앞에 내걸린 우주항공청 환영 현수막. 2024년 5월

져 있더군요. 이건 사천시의 우주항공청을 뜻하는 거겠죠. 이웃한 지역이긴 하지만 엄연히 다른 도시의 상징을 이렇게 그려 넣은 것이, 진주·사천 통합 논의의 핵심을 암시하는 듯하네요.

한편 트럼프 2기 정부 들어 미군과의 조선업 교류 협력이 주목받고 있는 거제는,[36] 지난 몇 년간 불황의 대명사로 언급되는 일이 많았죠.[37] 하지만 대우조선해양이 2023년 5월 한화오션으로 바뀌고[38] 2025년에 한화에어로스페이스가 한화오션의 지분을 추가로 인수하면서[39] 안정을 되찾고 있습니다.

다만 불황이 이어지던 시기에 대거 평택 삼성전자로 옮겨간 전문 인력들이 전부 거제로 복귀하지는 못한 상황입니다. 거제 조선단지와 평택 삼성전자는 한국인 고급 인력을 놓고 경합하는 관계에 있습니다. 현재 평택 삼성전자의 건설 속도가 느려지면서 인력들이 거제로 복귀하고 있지만,[40] 앞으로도 이런 흐름이 이어지리라는 보장은 없습니다.

불황기에 국내 인력 대신 외국인 인력을 대거 고용하다 보니, 조선업이 호황 기미를 보이고 있는 현재도 거제시의 경제 상황은 여전히 좋지 않다는 말이 나옵니다.[41] 그렇다 보니 지역 행정·정치권에서 한화오션·삼성중공업 등에 거액의 지역상생발전기금을 요청했다가 반발에 부딪히는 일도 있었습니다.[42] 황금알을 낳는 거위의 배를 가르는 일이 있으면 안 되겠죠.

광양만권의 산업은 지속적으로 성장하고 있으며, 이에 따라 공장 용지 부족 현상까지 일어나고 있습니다.[43] 게다가 섬진강 물을 취수하는 용량이 점점 늘어나서 농업과 어업이 영향을 받고 있습니다. 특히 큰 피해를 입고 있는 지역이 광양만 동쪽의 경상남도 하동군입니다. 광양만권경제자유구역 하동지구에 들어설 예정이던 갈사만산단의 조성이 중단된 상태에서 화력 발전소만 들어서서, 세수는 늘지 않고 환경 피해를 입고 있다는 주장이 이 지역에서 나오고 있습니다.[44]

한편, 순천-여수·광양의 관계는 진주-사천이나 전주-완주의 관계와 비슷합니다. 광양은 순천에 빼앗기는 인구를 붙잡아

한화오션의 전신인 대우조선해양 사명이 적힌 거제사업장의 크레인. 2023년 5월

거제 삼성중공업 인근에서 본 외국인 노동자들. 2023년 5월

광양만권 산업단지에서 사용할 물을 섬진강에서 취수하면서, 섬진강의 내수면 어업은 큰 영향을 받고 있습니다. 2024년 3월

실현되지 못하고 있는 하동 경제자유구역 개발 계획. 2024년 3월

광양항(아래), 광양제철(위), 여수 묘도(오른쪽). 2024년 5월 윤주식 촬영

두기 위해 도시 곳곳에서 택지 개발을 일으키고 있는데, 도시의 중심이 읍성 주변의 구도심과 시청 중심의 신도심으로 쪼개져 있기도 해서 난개발 및 부실 시공 논란이 이어지고 있습니다.[45] 두 중심지 중간에 자리한 황금지구에서도 2024년에 부실 시공 논란이 발생했습니다.[46]

여순광 지역은 동남권의 가장 서쪽에 자리한 중심 지역이자, 전라남북도 전체에서도 가장 공업이 발달한 지역이기도 합니다. 이런 지역에 복합 쇼핑몰이 없는 문제에 불만을 가진 시민들이 많습니다.[47] 2016년에는 코스트코가 순천 신대지구에,[48] 2017년에 이마트 트레이더스가 여수 웅천택지에 입점하려다

부실 공사 논란이 빚어진 광양 황금지구의 황량한 경관. 2024년 3월

순천 신대지구와 주변 산업단지들의 위치 관계

코스트코가 입점한다고 전해지는 순천 선월하이파크단지. 2023년 3월

좌절되었습니다.[49] 2025년에 코스트코가 다시 순천 선월하이파크단지에 입점하려는 움직임을 보이고 있어서 지역에서 화제가 되고 있습니다.[50] 전라북도 익산과 전라남도 순천에 코스트코가 입점하게 된다면, 전라남북도 시민들이 대전 신세계 등으로 원정 쇼핑 가는 일도 줄어들겠지요.

7
중부권

반도체·생명과학으로 연결되는 중부권

청주의 중심지로 떠오른 SK하이닉스-지웰시티-현대백화점 일대에서는 중부권의 미래에 대한 흥미로운 시사점을 얻을 수 있습니다

첫째로, 인구는 대전이 두 배 가까이 많지만, 청주에는 반도체 공장이 있습니다. 청주의 SK하이닉스에 근무하는 대전 시민들이 많습니다. 그리고 두 도시 모두 군사 시설 및 방산업체를 지니고 있습니다.

SK하이닉스의 전신인 현대하이닉스는 대전에 공장을 세우려 했고, 이를 위해 대전여고를 설립하기도 했습니다.[1] 하지만 IMF 사태로 인해 무산되었고, 그 후 지난한 과정을 거쳐 SK하이닉스가 탄생했습니다. 이렇다 보니 대전에서는 현대하이닉스가 대전에 반도체 공장을 세우지 못한 것을 아쉬워하는 목소리가 있습니다. 하지만 현대하이닉스의 전신인 LG반도체는 청주

SK하이닉스 청주공장에서 퇴근하는 대전 시민들을 태운 통근 버스. 2024년 7월

청주 지웰시티 바로 옆의 고압 송전탑. 2024년 7월

출처: 카카오맵 (https://map.kakao.com)

옛 충북선 철로 청주 시내 구간. 노란 별은 철도 지목이 남아 있는 지역입니다. (카카오맵의 실제 서비스 이미지와 다를 수 있음)

옛 충북선의 청주 시내 구간. 2024년 7월

에 공장이 있었기 때문에 청주도 할 말이 있죠.[2] 아무튼 청주와 대전 사이에는 반도체 공장을 두고 경쟁해 온 역사가 있습니다.

둘째로, "청주의 강남"이라 불리는 지웰시티 바로 옆에 SK하이닉스를 위한 고압 송전탑들이 설치되어 있습니다. 대도시 핵심부에서는 상상하기 힘든 이런 경관이 "공업의 청주"를 상징합니다.

"청주의 강남"인 이 지역에는 원래 충북선 철로가 깔려 있었습니다. 1980년에 충북선 청주 시내 구간을 외곽으로 옮기지 않고 그대로 두었다면 지금쯤 도시 발전을 위해 잘 사용되었을 것입니다. 섣불리 철로를 도시 외곽으로 옮겨 버렸다가, 다시 도시 중심에 철도를 놓으려 하니 애로가 많습니다. 경전선 광주 시내 구간도 마찬가지 문제를 안고 있습니다.

청주는 SK하이닉스와 테크노폴리스, 오송, 오창, 청주공항의 사각형을 중심으로 발전하고 있으며, 이 사각형은 중부권 메가시티 전체의 미래를 추동할 것입니다. 수도권내륙선 및 천안-청주공항 철도 등도 이 사각형의 발달에 기여할 것입니다. 이미 2025년도에 청주시 관내의 상업·업무용 빌딩 거래량이 경기도 화성, 전라북도 전주에 이어 전국 3위를 기록할 정도로 청주시의 성장세는 뚜렷합니다.[3]

그리고 청주와 확장 강남의 중간 지점에 자리한 혁신도시 소재지 음성·진천에서는, 한때 경기도 도시들이 그랬던 것처럼 빠르게 산업단지와 아파트 단지들이 늘어나고 있습니다.[4] 이 가운데에는 분명 과장된 광고도 있고, 성장에 대한 과도한 기대에

청주 미래의 사각형

공업화와 수도권내륙선 건설의 혜택을 기대하고 있는
충북 음성과 진천에서 목격한 홍보물들. 2025년 8월

따른 미분양 상황도 일어나고 있습니다. 그럼에도 불구하고, 충청남도 천안-아산과 마찬가지로 충청북도 청주-음성-진천 또한 확장 강남의 최전선으로서 성장이 예상되는 지역이라는 사실은 틀림없습니다.

한편 청주시 오송읍과 세종시 조치원읍이 만나는 지점에 오송 제3생명과학국가산업단지를 건설하는 계획이 2025년

국토교통부가 2025년 8월 27일 발표한
'오송 제3생명과학 국가산업단지 지정' 보도자료에 실린 위치도

오송 제3산단 건설에 따른 보상을 논의한다는 내용을 담은 현수막. 2025년 9월 박주은 촬영

8월 28일에 승인되었습니다.[5] 이 사업은 농업 진흥 지역을 침해한다는 이유에서 한때 농림부가 반대 입장을 폈으나,[6] 결국 사업 부지를 일부 축소하는 선에서 타협이 이루어졌습니다.

청주 오송과 세종 조치원은 오랫동안 하나의 생활권을 이루어 왔습니다. 이번에 제3산단의 경계가 거의 조치원에 접하는 지점까지 설정되면서, 두 지역의 화학적 결합은 한층 가속될 것으로 보입니다. 이 화학적 결합은, 세종을 결절점 삼아 대전과 청주가 이어짐으로서 중부권 메가시티가 탄생할 수 있는 중요한 계기가 되어 줄 것으로 예상됩니다. 반도체와 생명과학이 중부권 메가시티를 만들고 있습니다.

이렇게 중부권에서 산업이 꾸준히 성장하다 보니 인구도

청주에 좋은 베이커리가 늘고 있습니다. 2025년 1월

꾸준히 늘고 있습니다. 대전과 청주에서 최근 들어 베이커리 수준이 향상되고 있는데, 이 또한 질 좋은 일자리가 늘어나면서 인구가 늘어난 결과로 보입니다. 대전·세종·청주 하는 식으로 각 도시별로 구분하지 말고, 중부권 전체의 성장세를 볼 필요가 있습니다.

중부권의 인구와 산업

청주 인구는 한동안 85만 명에 정체되어 있다가 최근 들어 다시 성장세가 이어져, 2025년 8월 시점에 88만 명을 넘었습니다. 청주시 인구는 제가 조사를 할 때마다 증가하더군요. 이런 성장세는 행정수도인 세종의 인구 증가세가 꺾인 것과 대조됩니다. 세종시는 앞으로 5·6생활권 개발이 남아 있습니다만, 대전과 청주에서 옮겨 올 인구는 대체로 모두 온 것으로 보입니다. 민간 기업이 키우는 도시인 청주와 정부가 키우는 도시인 세종의 차이가 확연합니다.

    세종에서는 세종충남대학교병원이 재정 적자에 시달리고,[7] 백화점 부지도 여전히 비어 있으며,[8] 공실 문제는 해결될 기미가 보이지 않습니다. 공실 문제에 대해서는 시청이 2024년 11월에 '상가공실박람회'를 개최하는 등 액션을 취하고는 있습니다만, 효과에는 한계가 있습니다. 세종의 성장을 위해서는 결국 대통령실과 국회의 세종 분원 설치 건이 확정될 필요가 있습니다. 그러나 이것은 세종시 차원에서 정할 수 없는 일이어서, 도시 성장에 대한 시민들의 기대와는 달리 세종시의 미래는 불투명한 것

2024년에 열린 세종 상가공실박람회의 홍보물

2025년 대선 기간에 목격한 세종시의 공실 상황. 2025년 5월

이 현실입니다.

그러한 가운데 세종시와 주변 토지에 대한 루머도 끊이지 않습니다. 공주시의 일부가 추가로 세종시에 편입되니 토지를 구입하라는 식의 주장을 하는 부동산 업자들이 있다고 전해 듣고 있습니다. 세종시를 처음 만들 때라면 몰라도, 현재는 세종에 인접한 공주시 지역을 세종에 편입시키는 것은 불가능하다고 보는 게 합리적이죠.[9]

청주시는 천안과 함께 1백만 인구에 도달할 가능성이 있는 경기도 바깥의 도시로서 주목됩니다. 경기도와 경계를 접하고 있는 충청북도 청주·음성·진천과 충청남도 천안·아산의 성장세를 앞으로도 주목할 필요가 있습니다.

국제 정세의 변화와 수도권 인구 집중 경향 속에서, 전통적인 기간 산업 벨트인 동남권은 기업 유치 경쟁에서 대서울권·중부권에 잇따라 고배를 마시고 있습니다. LG디스플레이 공장의 입지를 둘러싸고 경기도 파주와 경상북도 구미가 경쟁한 결과 파주로 결정되었습니다. 또 SK하이닉스의 입지를 둘러싸고는 경기도 용인, 충청북도 청주, 경상북도 구미가 경쟁해서 용인과 청주로 결정되었죠.[10]

2024년 8월에 에코프로가 청주 오창에 건설하려는 R&D 센터 계획이 토지 지가의 앙등으로 인해 여의치 않자 충북과 청주시 측에 최후통첩을 한 일이 있습니다. 그 사실을 전하는 기사에 "오창→포항!!!!!!!!!"이라는 댓글이 달려 있더군요.[11] 청주에서 싫다고 하면 포항에 와달라는 거죠. 첨단 산업을 둘러싸고 대

경북 포항시 흥해읍 영일만산단의 에코프로 비엠. 2023년 4월

서울권·중부권과 동남권이 벌이는 경쟁의 일면을 보여 주는 듯했습니다.

2025년에 들어선 새 정부가 중부권인 세종시에 자리한 해수부를 동남권인 부산으로 옮긴다고 발표해서 논란이 이어지고 있습니다. 하지만 정부 부처보다 더 중요한 건 일자리와 세수를 창출하는 기업이 어디에 위치하는가입니다. 그리고 방위산업을 제외한 기업 유치 경쟁에서는 중부권이 동남권에 우위를 보이고 있습니다.

냉정한 말이지만, 중부권이 동남권보다 대서울권에 가깝기 때문에 이런 현상이 일어나고 있습니다. 반대로 생각하면, 대서울권과 가깝다는 이유로 성장하는 중부권은, 자칫하면 독자적인 정체성을 잃고 대서울권에 편입되어 버릴 수도 있습니다. 동남권은 대서울권과의 거리가 멀기 때문에, 중부권에 비하면 독자적인 정체성을 유지할 가능성이 큽니다.

중부권 교통망의 미래

수원 군공항을 화성 서쪽의 화옹지구 간척지로 옮겨 경기 통합 국제공항[12]을 만들려는 구상은 화성시 측의 맹렬한 반발로 인해 실패했습니다. 그런데 이 계획이 실패하면서, 청주공항이 경기 남부 반도체 클러스터의 관문 공항으로 부각되고 있습니다. 중부권이 뜻밖의 성장 기회를 얻은 거죠. 김포공항을 폐지하고 강남 주민들이 청주공항을 이용하게 하자던 모 정치인의 공약[13]이, 의도하지 않았겠지만 동남권의 미래를 예측한 것 같아서 흥미롭습니다.

다만 청주공항 주변에 조성중인 에어로폴리스가 미분양 상황이라는 사실이 보여 주듯이,[14] 아직까지는 청주공항의 미래가 불투명한 것 또한 사실입니다. 청주공항은 군공항에 민간 항공기를 이착륙시키고 있는 상황이어서, 민간 항공기용 전용 활주로를 신설할 수 있을지의 여부가 청주공항의 미래를 좌우할 것입니다. 2026년 지방 선거를 앞두고 중부권에서 가장 주목해야 하는 사안입니다.

한편 중부권의 철도 교통망 사업은 미래가 불투명합니다. 대전-세종-청주 광역철도 등은 청주 도심 지하 통과라는 고집만 꺾으면 실현 가능합니다. 하지만 청주는 도심 지하 통과 주장을 굽히지 않고 있을 뿐더러, 지하철 2호선 계획까지 발표했습

「행정수도 건설을 위한 백지계획 후보지 선정에 관한 2차 조사」(1978)에서 보이는
행정수도 고속철도 구상과 서해선. 세종시탄생과정기록관 웹사이트

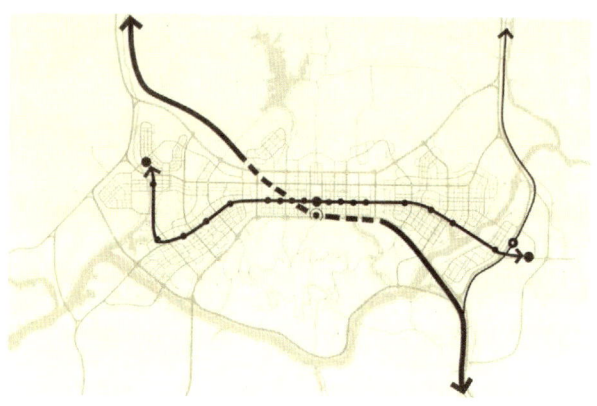

「행정수도 건설을 위한 백지계획 제1부」(1980)에 수록된 행정수도 고속철도 구상.
세종시탄생과정기록관 웹사이트

청주 고속버스터미널 랜드마크 건설 현장. 2024년 7월

니다.[15]

　대전-세종-청주 광역철도의 청주 도심 통과를 위해서는 2조 원을 더 써야 한다는 추정치가 나와 있습니다.[16] 청주 도심 통과를 위해 민자를 유치하자는 움직임도 있지만,[17] 서울도 경전철을 민자로 지으려다가 투자가를 구하지 못해 재정사업으로 전환하는 사례가 잇따르고 있습니다. 중부권의 철도 인프라 건설을 민자로 추진하는 것이 쉽지 않으리라는 얘기입니다.

　한편 대전에서는 도시철도 2호선에 트램, 3호선에 굴절 버스를 도입한다고 해서 화제가 되었습니다. 굴절 버스 도입 계획은 잠시 아이디어 차원에서 제시되었다가 취소되었고, 트램은

대전에서 입수한 전단지. 대전도시철도 2호선 트램은 2028년에 개통될까요? 2024년 11월

대전 유성복합터미널 부지. 2023년 12월

2024년 12월에 공사가 시작되었습니다.

트램은 원도심이 발달한 대전보다는, 세종 같은 신도시를 계획할 때부터 노선을 반영했으면 좋았겠습니다. 하지만, 트램이 어울리지 않는 대전은 트램 구상 때문에 도시철도 2호선이 10년간 공전하고 있고, 트램이 어울리는 세종은 이해하기 어려운 교통 설계 때문에 시민 모두 고통받는 상황이 이어지고 있습니다.[18]

트램은 위례신도시처럼 도시 설계 단계에서 궤도를 놓을

공간을 미리 확보해야 사업이 수월하게 진행됩니다. 하지만 2호선이 지나는 지역들 가운데 일부는 기존에도 교통 체증이 심각한 원도심이어서, 과연 이 계획이 가능한 것인지 우려됩니다.[19] 중부권의 탁월한 버스 교통 시스템인 BRT를 추진하던 2010년대에도, 교통 혼잡 지역의 민원을 담당하던 공무원이 스스로 목숨을 끊은 일이 있었습니다.[20] 2026년에 본격화될 트램 건설 사업을 추진하는 과정에서는 이런 비극이 벌어지기 않기를 바라고 있습니다.

마지막으로, 중부권과 대서울권을 이어 줄 또 하나의 간선도로망인 세종포천고속도로의 준공이 늦어지는 것이 우려됩니

2025년 2월에 붕괴된 세종포천고속도로 안성-천안 구간 사고 현장. 2025년 3월

다. 2025년 2월 25일에 안성-천안 구간의 청용천교 교량이 붕괴되었습니다.[21] 9월에는 시공 관련자들에 대해 구속영장이 발부되었습니다. 인재(人災)였다는 거죠. "현재 공사는 주민 민원 등에 따라 일부 구간에서만 제한적으로 재개되고 있다"[22]고 하니, 2026~2027년 사이로 계획된 완공 연도를 지킬 수 있을지의 여부는 좀 더 지켜봐야겠습니다.[23]

8
대구·구미·김천 소권

교통 이슈

대구공항을 군위·의성의 경계 지역으로 옮겨서 대구경북 통합 신공항을 개항시키기까지는, 현재 일반적으로 예상되는 것보다 더 오랜 시간이 필요할 겁니다. 여러 정황상 저는 30년 정도 걸릴 것으로 예측하고 있습니다.

대구시에서는 애초에는 기부 대 양여 방식으로 사업 추진이 가능할 것 같다는 입장을 보였죠.[1] "큰 이익이 남도록 하겠"[2]다며 기업들에게 어필하던 것이 불과 1~2년 전의 일이었습니다. 하지만 그 뒤로 갑자기 큰 손해가 날 것이 예상된다면서, 국가의 지원이 없으면 사업 추진이 불가능하다는 식으로 입장을 바꾸었습니다.[3] 대구 도심의 군부대들을 군위로 옮기는 사업도 마찬가지로 입장이 바뀌었고요.[4]

최근에는 대구경북 신공항의 2030년 개항이 불가능하다는 현실을 인정하는 보도도 나오기 시작했죠.[5] 최악의 경우는 K2

군공항만 군위·의성으로 옮겨지고, 민간 대구공항은 현재 위치에 남는다는 플랜 B도 상정할 필요가 있어 보입니다.

여기부터는 소권의 교통과 미래 예측을 동부, 북부, 서부로 나누어 살피겠습니다. 우선은 소권 동쪽 지역의 상황입니다.

대구의 강남이자 대구와 경산의 경계인 수성구에는 큰 군부대들이 자리하고 있습니다. 만약 이 부대들이 옮겨 간다면 수성구의 개발 가능한 영역이 넓어지는 한편, 대구와 경산의 연담화가 더욱 강화되겠죠.

2024년 12월 21일에는 대구지하철 1호선이 연장되었습니

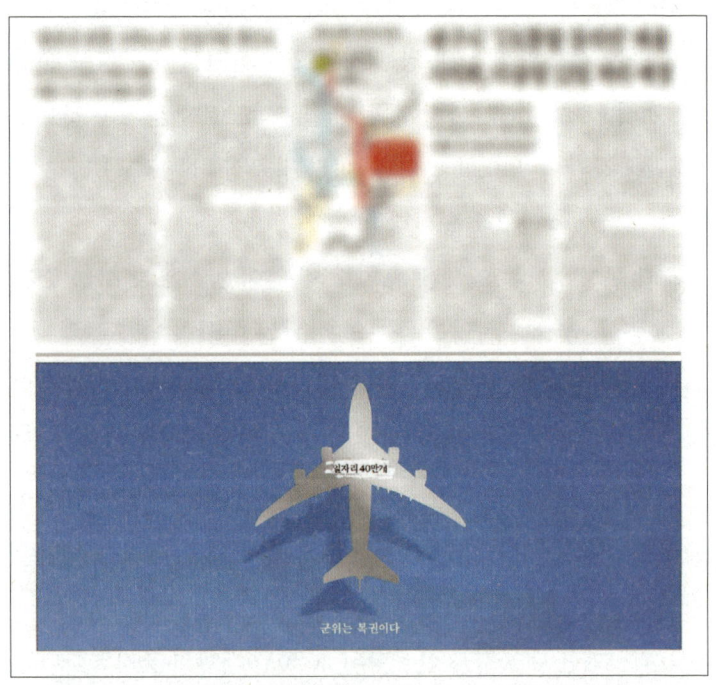

『대구일보』 2024년 11월 29일 자에 실린 대구경북 통합 신공항 관련 광고

대구·구미·김천 소권의 교통 구상

다. 그간 안심역까지 운행하던 대구지하철 1호선이 동쪽의 경산시 북부 깊숙이 들어가게 되었죠. 그동안 안심역-경산 구간은 만성 교통 체증에 시달려 왔는데, 지하철이 연장 개통하면서 도로 교통 상황이 상당히 개선되었습니다. 이에 따라 경산시청 소재지인 남부와 지리적으로 분리되어 있는 북부 하양 지역은, 대구와의 교류가 더욱 밀접해질 것으로 예상됩니다.

한편 이에 앞서 2024년 12월 14일부터는 경산시 남부에 대경선이 운행되기 시작했습니다. 이렇게 경산의 남북 모두 대구와의 대중교통이 편리하게 연결되면서, 대구와 경산의 통합이 촉진될 가능성이 있습니다.

다음으로 소권 북쪽의 상황입니다.

대구지하철 1호선 하양역, 부호역, 대구한의대병원역. 2024년 9월

대경선 개통 직전 동대구역에 게시된 대경선 개통 안내문. 2024년 11월

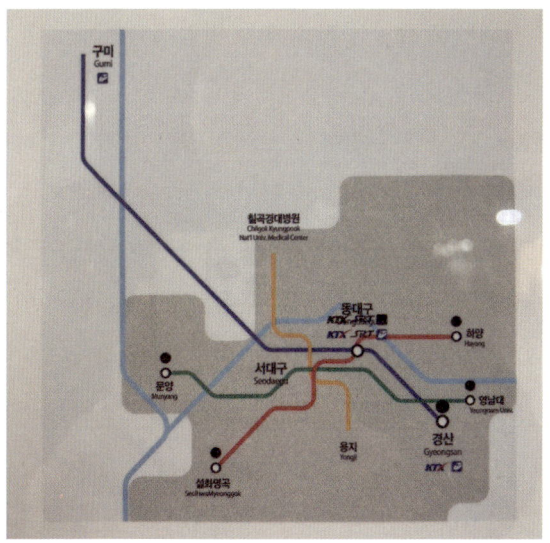

동대구역에서 본 대구지하철 1~3호선 및 대경선 노선 개략도. 2024년 11월

대구경북 통합 신공항이 건설될 대구 북쪽 끝 군위군은, 서쪽으로 칠곡군·구미시와 맞닿아 있습니다. 신공항이 건설된다면 공항 주변에서 택지 개발이 이루어질 것이므로, 군위에 접하는 칠곡 및 구미 동부 지역의 개발도 촉진하게 될 것입니다. 특히 칠곡과 대구의 연결성이 지금 이상으로 강화될 것이 예상되기 때문에, 칠곡군을 어떻게 할 것인가를 놓고 또 다시 행정구역 개편 논의가 일어나겠죠.

대구경북 신공항이 개통되면 가장 큰 혜택을 입을 지역은 대구가 아니라 구미국가산업단지 5단지입니다. 구미5단지는 1단계 분양이 완판되었고 2단계 분양이 진행 중인데, 5단지가 신공항과 가깝다는 것도 기업들이 선호하는 이유의 하나입니다.[6] 다만 대구경북 신공항 개항 전망이 불투명하다 보니, 구미5단지의 미래에도 영향을 미치게 될 것입니다.

마지막으로 소권 서쪽 지역의 상황입니다.

KTX 서대구역이 개통되고 대경선도 여기 정차하게 되면서, 서대구역 역세권은 기존의 공업 지대라는 이미지를 벗고 대구의 새로운 부도심으로 떠오르기 시작했습니다. 서대구역과 달성군 국가산단 사이를 잇는 대구산업선도, 착공식 일자는 조금씩 미뤄지고 있지만 착공 자체는 확정된 상태입니다. 현재는 2030년 준공을 목표로 삼고 있지만,[7] 착공식부터 지연된 것을 보면 GTX처럼 준공 일자가 상당히 늦어질 가능성은 있습니다.

대구의 여타 도심 지역과는 달리 상대적으로 쾌적한 지리적 조건을 지닌 달성군은 향후 큰 발전 가능성을 갖고 있습니다.

구미국가산단 5단지 건설 현장. 2024년 9월

구미5단지와 가까운 구미시 해평면에서는 개발 호재에 대한 기대감이 감지됩니다. 2024년 9월

서대구역과 역세권, 2023년 12월

서대구역 인근의 대구 서구 평리동, 2024년 5월

경북 칠곡 북삼 도시개발사업 공사 현장. 2024년 9월

중부내륙고속도로지선·대구산업선 등을 통해 달성군과 연결되는 서대구역 역세권은, 소권의 동부와 서부를 잇는 결절점으로서 미래가 주목됩니다.

 대구 서부와 구미 사이에 끼여 있는 칠곡군은 만성적으로 행정구역 통합 논의에 시달리는 지자체입니다. 이에 따라 구미와 인접한 북삼읍 율리에 대규모 택지 개발을 추진하고 대경선 북삼역도 개통시키는 등, 아이덴티티를 지키기 위해 안간힘을 쓰고 있습니다. 또 상당한 승객 수요가 존재하지만 대경선이 정차하지 않고 있는 약목역에도 추가 정차를 요구하고 있죠.[8] 대구

대경선 북삼역 건설 공사 현장. 2024년 9월

와 구미 사이에서 존재감을 드러내기 위해 애쓰는 모습이 역력합니다만, 2026년 지방 선거 때에도 행정구역 개편 논의가 일어날 것으로 예상됩니다.

대구·경북 통합 논의

칠곡군을 둘러싼 행정구역 개편 논의를 넘어서서, 대구와 경상북도를 통합하자는 더 큰 규모의 행정구역 개편 논의도 있습니다.

지난 몇 차례의 선거에서 대구와 경상북도를 통합하자는 논의가 계속되었습니다. 하지만 이 논의가 과연 대구 시민과 경북 시민들에게 절실한 일인지, 아니면 특정 정치인들의 정치적 계산에서 비롯된 것인지는 의문이 있습니다.[9] 그리고 결국 통합 논의는 무산되었습니다. 지난 2024년 총선을 앞두고 전국적으로 일어났던 메가시티 논의가 모두 이런 식으로 끝났죠.

　　군위군을 대구에 통합시키면서 촉발된 대구·경북 통합 논의는 이렇게 막을 내렸습니다. 대구시는 군위군에 공항을 비롯해서 염색산단·소형 모듈 원전 등 각종 특수 시설을 옮기거나 신

경북 안동 경국대학교에서 목격한 대구 경북 통합 반대 측의 구호. 2024년 12월

대구 경북 통합 추진을 홍보하는 대구시의 현수막이 동대구역 앞에 걸려 있었습니다. 2024년 12월

설할 계획을 발표하고 있습니다.[10] 대도시가 주변 농산어촌 지역을 합병한 뒤 특수 시설을 옮기는 일은 지난 반세기 동안 되풀이되어 온 현상이죠.

다만 염색산단은 기존에 대구 시내에서 혐오 시설로 간주되어 왔는데, 이를 산악 지형인 군위군으로 옮긴다면 현지 시민들의 반발이 클 것으로 예상되어, 과연 대구시의 계획대로 순조롭게 사업이 추진될지 의문이 남습니다. 부산 해운대구의 방위산업체인 풍산을 기장군으로 옮기려는 계획이 현지 시민들의 격렬한 반발을 초래한 것과 비슷합니다. 또 조(兆) 단위가 들 것으로 예상되는 이전 비용도 장애가 될 것입니다.

9
동부 내륙 소권

원주와 춘천

인구 감소 추세인 강원도의 다른 지역들과는 달리, 원주는 인구가 증가해서 행정구역 조정 및 승격까지 논의되고 있습니다. 혁신도시가 자리한 반곡관설동은 인구 5만 명을 넘는 대로 반곡동과 관설동으로 분동하고, 기업도시가 자리한 지정면은 지정읍으로 승격시키겠다는 거죠.[1] 또 버스 터미널 근처의 단계주공아파트 단지(1984년 준공)를 비롯해 시내에서도 재건축이 추진되는 등, 원도심과 시내 외곽 지역이 골고루 발전하는 모습을 보이고 있습니다.

다만 이렇게 인구가 증가하는 지역은 원주시 안에서도 일부 지역에 한정되어 있습니다. 인구 쏠림 현상이 확인된다는 거죠. 강원도 주요 지역의 인구가 줄어드는 가운데 원주의 인구만 증가하는 쏠림 현상도 동시에 확인됩니다.[2] 또 원주시의 인구 증가세 역시 유동적이어서,[3] 현재의 인구 추이를 너무 과신해서는

재건축이 추진되는 원주 단계주공아파트. 2024년 6월

서울 강남고속버스터미널에서 목격한 광고.
경기도 반도체 벨트에 들어가고 싶어 하는 강원 원주시의 바람이 보입니다. 2024년 11월

안 될 것입니다.

원주는 행정·정치권의 이해득실을 반영해서 공격적인 도시계획을 추진하는 대신, 현재의 도시 밀도를 유지할 수 있는 압축도시 전략을 모색할 필요가 있습니다. 춘천시가 강원도청을 시내에서 외곽으로 옮기기로 하면서 원도심 공동화에 대한 우려가 커지고 있는 상황[4]을 반면교사로 삼을 필요가 있습니다.

충주와 제천

충주는 남한강 자락에 위치하고 있어서 강을 통한 수운(水運)이 편리한 도시였습니다. 그래서 전근대에는 충청북도에서 청주보다 더 번성하던 도시였죠. 하지만 근대 이후 경부선이 개통되고 청주로 도청이 옮겨 간 뒤로는 청주에 역전당했습니다. 수운에서 철도로 교통 시스템이 바뀐 것이 충주와 청주라는 두 도시의 세력을 역전시켰습니다.

최근에는 충주의 교통대학교와 청주의 충북대학교를 통합하자는 움직임이 일어나면서, 교통대학교가 충주를 떠날지도 모른다는 우려가 충주 시민들 사이에서 커지고 있기도 합니다.[5] 지난 10년 사이에 청년 인구가 8,345명 감소되었다는 통계[6]가 이런 우려를 뒷받침하고 있습니다.

충주 서부에 기업도시 등이 건설되면서 희망을 볼 수 있는 계기가 마련되었습니다. 다만 구도심과 기업도시가 연담화될 수 없을 정도로 떨어져 있다 보니, 가뜩이나 줄어들고 있는 인구가 분산될 우려가 있습니다. 충주 구도심은 도시계획이 비교적

도시 개발이 중단된 충주 동북부 끄트머리. 2025년 3월

충주 도심과 분리되어 있는 서충주신도시. 2025년 3월

중심이 분산되어 있는 제천 시내

건설 중인 제천 미니복합타운. 2025년 3월

잘 되어 있는 편입니다. 그런데 시내의 도시 계획이 완성되기 전에 거리적으로 떨어진 곳에 기업도시가 만들어진 바람에, 그간의 행정적 노력이 헛수고로 끝날 우려가 생겼습니다.

한편 제천은 충주보다도 인구 감소에 시달리는 지역으로, 2024년에 처음으로 13만 명 선이 무너졌습니다.[7] 이런 중에 기존 시가지와 동떨어진 지역에 산업단지와 배후 주거지가 조성되었고, 두 지역 사이에 미니복합타운이라는 이름으로 또 하나의 신도시가 만들어지고 있습니다. 한 세대 전처럼 한국의 모든 지역에서 인구가 증가한다면 제천의 이 세 중심지도 연담화되겠습니다만, 지금으로서는 연담화될 것이라고 예측하기는 어렵습니다.

동부 내륙 소권의 주요 도시인 춘천·충주·제천은 모두, 혁신도시를 기존 도심에 붙여서 건설한 원주의 사례를 참고해서 도시 계획을 세울 필요가 있습니다.

10
동해안 소권

소권의 악재와 호재

신냉전이 시작된 현재, 러시아·북한과의 활발한 교류를 통해 환동해 시대를 맞이한다는 것은 실현되기 어려운 전략입니다. 신냉전하에서 환동해 시대를 열기 위해 교역을 할 대상은 결국 일본뿐입니다. 하지만 국내의 반일 정서가 강하고 독도를 둘러싼 갈등도 주기적으로 불거지는 상황에서, 이 전략이 한국 내에서 환영을 받기는 쉽지 않을 겁니다.

물론 이러한 상황에서도 몇몇 호재가 존재합니다. 우선 동해선이 개통하면서, 교통 상황이 획기적으로 개선될 것으로 기대됩니다.

지난 몇 년간 강릉·속초가 주목받았고, 그 뒤를 이어 양양·고성이 떠올랐습니다. 저는 개인적으로 삼척·울진·영덕이 이를 이어 주목받을 것으로 보고 있습니다. 아직은 대서울권에서 삼척[1]·울진[2]·영덕[3]으로 직행 운행하는 열차가 없다 보니 강릉이

동해선 개통을 앞두고 정비 사업이 진행되고 있는 영덕 근대거리. 2024년 5월

속초 시내에는 속속 아파트 단지가 들어서고 있습니다. 2021년 3월

서울 강남구에서 본 속초 투자 홍보 시설. 2024년 8월

서울 강남구에서 본 양양 투자 홍보 시설. 2024년 5월

나 포항에서 갈아타야 하지만, 언젠가는 직행 편이 운행할 것으로 예상됩니다.

한국 인구의 절반이 거주하는 대서울권과의 직행 편이 생긴다면 이들 지역의 경제적 가치는 크게 높아질 터입니다. 이런 미래를 대비해서 해당 지자체들에서는 관광 자원 정비 사업 등을 추진하고 있습니다.

한편 강릉과 속초에서는 몇 년 전에 비정상적으로 올랐던 아파트 가격이 조정기에 접어들었습니다.[4] 아파트 건설이 난개발 상황을 띠면서 경관이 파괴되고 있다는 지적도 나옵니다. 춘천-속초선이 개통되고 나면 통근 수요가 발생해서 가격이 다시 상승세로 바뀔 가능성, 그리고 접근성이 좋아지면서 주거 가격이 하락할 가능성이 모두 존재합니다.

삼척과 강릉은 관광도시임과 동시에 산업도시이기도 합니다. 특히 경기 남부 반도체 클러스터로 보낼 전기를 삼척·강릉 등의 화력 발전소들에서 생산하게 되는데, 발전소 관련 시설이 동해안의 유명 바닷가에서 해안 침식을 일으키는 등 관광 자원을 훼손하는 사례가 잇따르고 있습니다.[5] 특히 천혜의 경관을 지닌 삼척의 맹방해수욕장은, 인근 화력 발전소의 관련 시설이 건설되는 바람에 원형이 상당히 훼손되었습니다.[6]

대서울권에서 반도체 공장을 돌리기 위해 동해안에서 전기를 생산하고, 그로 인해 환경이 파괴되면 대서울권의 관광객이 오지 않는 악순환 구조가 생길 가능성이 있습니다. 정부는 이런 구조를 해소하기 위한 노력을 해야 합니다. 시민 개개인은 카페

강릉에코파워 앞에 내걸린 항의 현수막. 2024년 2월

삼척블루파워가 석탄부두를 건설하기 위해 파헤친 맹방 해안. 2023년 4월

등의 사업을 시작하거나 귀촌하려 할 때, 그곳이 이와 같이 경관 훼손이 예상되는 지역인지 꼼꼼히 알아볼 필요가 있습니다.

11
전북 서부 소권

잼버리 이후의 새만금

2023년의 잼버리 대회는 파국으로 끝났습니다.[1] 이 대회에 사용하기 위해 짓던 건물은 2024년 9월에야 준공되었고, 2025년 현재도 용도를 찾지 못하고 있습니다.[2] 제가 이곳을 찾아가서 건물 사진을 찍자 건물 안에서 관계자로 보이는 사람이 황급히 나와서 "왜 찍냐"고 묻더군요. 이 건물이 이런 처지에 놓인 데 대해 유관 기관에서 신경을 곤두세우고 있음을 짐작할 수 있었습니다.

2024년까지 2만 5천 명이 살 예정이라던 스마트 수변도시는, 2025년 12월부터 분양을 시작해서 2028년까지 완공하겠다는 목표를 세우고 있습니다.[3] 새만금개발공사 측에서는 "위례신도시와 맞먹는 규모의 수변도시에 주거·교육·의료·산업 기능을 채워 넣어 자족 도시로 발전시켜 나가도록 하겠다"[4]는 포부를 밝히고 있습니다. 저는 그런 미래가 잘 상상이 안 됩니다만, 과연 어떻게 될지 지켜보십시다.

2023년 잼버리 대회가 열렸던 전북 부안군의 현장. 2024년 9월

잼버리 대회 때 사용할 예정이었으나 2024년 9월에야 준공된 부안군의 건물

새만금개발청 홈페이지에 게재된 스마트 수변도시 예상도

매립 공사 준공 당시의 새만금 스마트 수변도시 부지. 2023년 6월

상공에서 내려다본 새만금 간척지 일대. 2024년 5월 류기윤 촬영

2025년 6월의 대통령 선거를 앞두고, 새만금 문제에 대해 의미 있는 발언들이 나왔습니다. 새만금이 단골 선거 공약이 되다 보니 "이도 저도 아닌 이상한 땅으로 변질"[5]되었다는 성찰, 그리고 "새만금은 다른 것보다 정리를 빨리 해야 할 것 같다"[6]는 현실론입니다. 새만금 개발이 원래의 목표를 잃고 난맥상을 보이고 있다는 현실을 인정하고, 현재 가능한 것들을 해가면서 새만금 사업을 연착륙시키는 행정·정치가 필요합니다.

소권의 갈등 구도와 행정 통합 논의

전주시는 지속적으로 완주군과의 통합을 추진하고 있습니다.[7] 이에 대해 완주군은 전주와의 통합보다는 자력으로 시 승격을 계획하고 있어서 수십 년째 갈등이 이어지고 있습니다.

전라북도 동부 산간 지역에 자리한 완주는 전주에 인구를 빼앗기지 않기 위해 군내 곳곳에 산발적으로 택지 개발을 진행하고 있어서 우려됩니다. 완주에 자리한 완주산단과 전주과학산단은 공해 문제가 있는 것으로 보이지만, 그래도 양질의 일자리가 있다 보니 지역 거점으로서 기능하고 있습니다.

이처럼 완주군에서 행정 통합에 반발하자, 2025년 하반기 들어 전주 측에서는 익산시까지 포함하는 메가시티 구상을 제안하기 시작해서 익산으로부터도 반발을 사고 있습니다.[8] 전주가 들고 나온 행정 통합 주장에 익산 측이 반발하는 배경에는, 이 지역에 전통적으로 존재해 온 전주와 익산의 세력 싸움이 존재합니다.

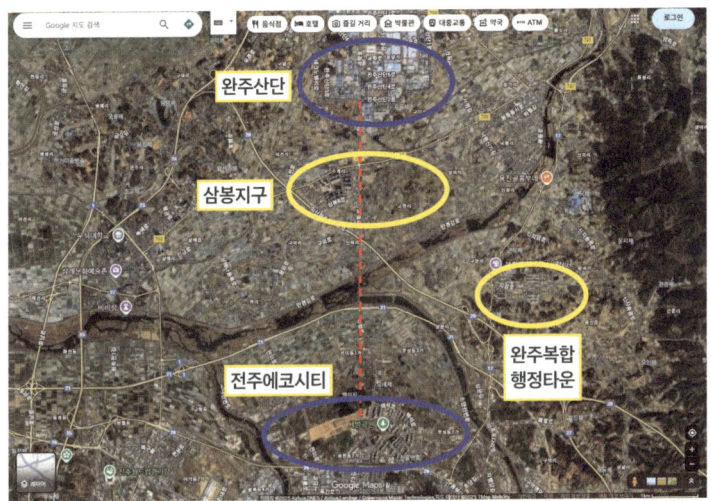

완주와 전주의 갈등 구도

완주산단의 현대자동차 공장. 2025년 3월

11 전북 서부 소권

완주산단과 전주에코시티 사이를 가로막으며 들어선 완주 삼봉지구. 2024년 4월

완주 삼봉지구의 가로 경관. 2025년 3월

전라북도는 정치·행정 중심과 교통 중심이 분리되어 있다는 점에서 전국적으로 독특한 모습을 보입니다. 도청 소재지인 전주는 교통 면에서 외지고, 반면 호남선과 전라선이 분기하는 익산이 교통 중심지로서의 기능을 하고 있죠. 이에 따라 전주에 소재한 전북특별자치도청을 익산으로 옮기자는 주장이 주기적으로 제기되어 왔습니다. 1955년에는 전주에서 익산으로 도청을 옮기는 논의가 단 한 표 차이로 좌절되기도 했습니다.[9]

대전은 경부선 철도역이 생기면서 도시가 커졌고, 공주에 있던 충청남도청이 옮겨 오면서 지금처럼 광역시로 성장했습니다. 이에 반해 전라북도는 행정 중심과 교통 중심이 전주와 익산으로 분리되어 있습니다. 만약 익산으로 도청이 옮겨 왔다면 전라남북도 전체의 거점으로 기능하여 지금쯤 인구 1백만 명의 도시가 되었을 수도 있습니다.

전주시의 택지 지구인 에코시티에 입점하려다가 소상공인들의 반대로 좌절되었던 코스트코가 익산에 입점하기로 했습니다. 입점 예정지인 왕궁면 동촌리는 완주와 전주, 그리고 충청남도 논산 사이에 자리한 절묘한 입지입니다. 전주의 일부 소상공인들은 코스트코의 익산 입점에 반대하고,[10] 익산의 민관은 찬성하며 반대 측에 항의하는 일이 일어나고 있습니다.[11] 이런 갈등은 전주와 익산의 1백 년에 걸친 갈등 구조를 알아야 이해할 수 있습니다.

이렇듯 전라북도는 전주와 익산으로 중심이 나뉘어 집적 효과가 약화되는 데에 더하여, 도청 소재지이자 도내 최대 도시인 전주시가 잇따라 도시 외곽에 택지를 개발하는 바람에 도시의 집적 효과를 상실하고 있기도 합니다. 이런 현실을 인정하고 도심 재건축 등을 통해 콤팩트시티를 만드는 것이 미래를 대비하는 모습일 겁니다. 하지만 인구 1백만 도시를 만들겠다며 또다시 신도시 건설이 주장되고 있는 게 현실입니다.[12]

대한방직 자리에 조성된다고 하는 초고층 빌딩과 아파트 단지의 현실성 여부도 계속해서 논란입니다.[13] 2030년 준공 예정이라고 하는데[14] 과연 그때까지 준공될지, 또 초고층 빌딩과 아파트 단지가 함께 준공될지 아니면 아파트 단지만 준공될지[15] 등을 지켜볼 필요가 있겠습니다.

코스트코의 익산 입점 논란에서 보듯이, 전라북도의 도청 소재지이자 가장 인구가 많은 전주시는 이웃 도시들과 협력해서 공동의 목소리를 만들어 내는 데 실패하고 있습니다. 전주가 이렇게 민심을 잃어버린 데에는 여러 이유가 있습니다.

전주시는 시 북부에 있던 군공항을 서북쪽 끄트머리로 옮기고는 군부대 후적지를 에코시티라는 이름으로 택지 개발 했습니다. 그런데 이렇게 옮겨 간 군부대는, 행정구역상으로만 전주시에 속하지 실제 전투기 소음은 김제·익산 등이 받는 곳에 자리 잡았습니다. 도내에서 가장 힘이 센 도시가 이런 모습을 보여 오다가 어느 날 갑자기 완주·익산 등과 행정 통합을 하자고 나서니, 카운터파트로 지목된 도시들이 황당하다는 반응을 보이는 것도 당연하겠죠.

그런데 이렇게 주변 도시와의 행정 통합을 추진하는 전주

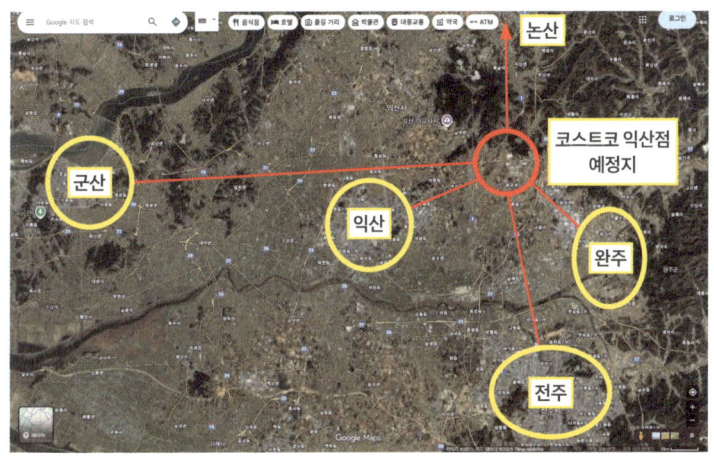

코스트코 익산점 예정지와 주변 도시들의 관계

초고층 빌딩이 세워진다는 대한방직 부지. 2025년 4월 정승운 촬영

11 전북 서부 소권

오픈레일웨이맵(www.openrailwaymap.org)에 표시된 전북과 전남 간의 철도 연결 상황

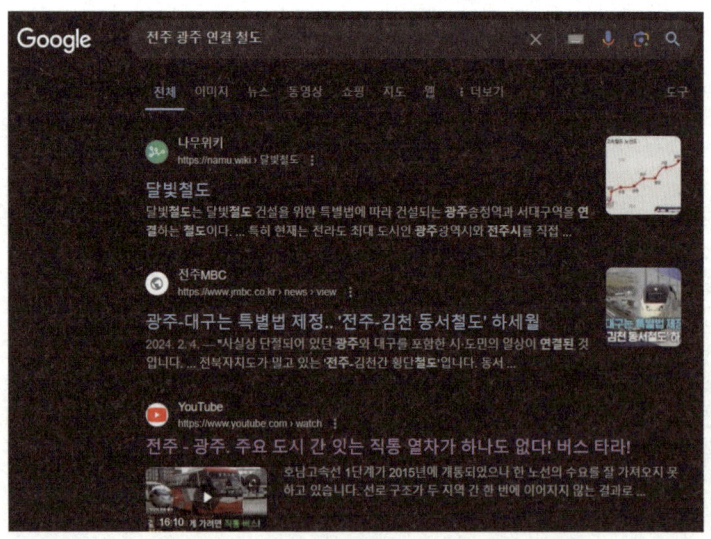

구글에서 '광주 전주 연결 철도'를 검색하면 나오는 결과

는, 광주·전남 측에서 어필하는 메가시티 구상에는 소극적인 모습을 보이고 있어서 아이러니합니다.[16] 전라북도와 전라남도, 광주광역시는 전주와 광주 간에 직결 철도를 놓자는 논의도 없을 정도로 생활권이 분리되어 있습니다. 이런 중에 광주·전남 지역에서 다소 뜬금없이 서남권 메가시티 논의를 들고 나온 것입니다.

하지만 전라남도 내에서 광주·나주·목포·무안 등이 광주 군공항의 무안공항 이전 사업 같은 문제도 해결하지 못할 정도로 분열된 상태에서, 생활권도 연결되어 있지 않은 전라북도에 메가시티를 만들자고 나선 것이기 때문에, 이 논의는 성과 없이 끝날 가능성이 큽니다.

전주를 중심으로 한 전라북도는 광주 전남보다는 중부권 쪽에 더 밀접한 생활권을 유지하고 있습니다. 익산과 논산은 역사적으로 땅을 주고받아 왔고, 대전 남쪽의 충청남도 금산군도 1962년까지 전라북도였죠. 따라서 대전·세종·청주를 핵심으로 하는 중부권 메가시티의 영역이 전라북도 일부 지역으로 확장되는 것은 생활권이라는 관점에서는 자연스럽습니다. 도·시·군 같은 행정단위와 실제 생활권은 겹치지 않습니다.

아파트와 바꾼 집

"아파트와 바꾼 집"이라는 말은, 건축사 연구자인 고 박철수 선생의 조어입니다. 아파트 단지에 입주할 자금으로 단독 주택을 지어 살 수 있다는 뜻입니다.

전주의 후백제 도성 유적지, 서울 송파구의 풍납토성, 서울 성곽 서북쪽 바깥의 고려 시대 유적 구역[17] 등, 아파트와 바꾸어 단독 주택을 짓기 좋은 지역들이 있습니다. 개발 중에 중요한 유적이 발견되는 바람에 아파트 단지 건설이 중단되고, 주변 지역도 고도 제한에 걸려 개발이 제한된 곳들이죠.

입지가 좋은 곳에 거주하다가 재건축·재개발로 수익을 얻고 싶어 하는 사람들이 있습니다. 반대로, 재건축·재개발에 휘말리지 않고 한 집에서 오래 살고 싶어 하는 사람들도 있습니다. 이런 분들께는, 유적이 발견되어 개발이 중단되거나 제한되는 지

'아파트와 바꾼 집'으로 적절한 곳, 전주 종광대지구. 2025년 3월

역이 역설적으로 오랫동안 안정되게 살기 좋은 곳이 됩니다.

    이들 지역 가운데 가장 최근 등장한 곳이, 전주 종광대지구의 후백제 성터 주변입니다.[18] 종광대지구에 앞서 전주 기자촌지구에서 후백제 왕궁 정원 구역으로 추정되는 유적이 확인되었지만,[19] 이곳은 재건축이 허가되었죠.[20] 뒤이어 확인된 종광대지구 유적은, 기자촌지구와 달리 조건부 현지 보전 결정이 내려졌습니다.[21] 기존에 개발을 추진하던 조합원들에게 거액의 보상비를 지불해야 하는 문제가 남아 있습니다만, 서울의 풍납토성 사례에 준하여 국가적 차원에서 해결될 것으로 예상됩니다.[22]

12
전남 서부 소권

교통 이슈

대구와 광주를 잇는 달빛철도 건설을 위한 달빛철도특별법이 2024년 1월에 국회를 통과했습니다.[1] 20세기 전기의 전남선, 20세기 중기의 광주선 구상에 이어 세 번째 시도입니다.

하지만 2024년 총선 전에 특별법까지 마련된 달빛철도 사업은, 총선이 끝나자 규모가 축소되어 버렸습니다.[2] 2025년 대선 때에는 특별히 언급되지 않았습니다만, 2026년 지선을 앞두고 다시 화제에 오를 것으로 예상됩니다. 앞으로 이런 부침을 몇 번이나 더 겪게 될지 지켜볼 필요가 있습니다.

광주의 일각에서는 광주 군공항을 무안공항으로 이전하고 그 부지 및 소음 권역을 개발하자는 주장이 계속되고 있습니다. 이런 주장의 배후에는 광주의 인구가 계속해서 증가한다는 전제가 있죠. 광주는 구도심·상무·수완·첨단·송정 등 중심들이 곳곳에 흩어져 있다는 구조적인 문제를 지니고 있습니다. 이들 여러 중심지들의 중간에 자리한 광주공항 후적지를 개발하여 광주 전체를 연담화하자는 구상이죠.

하지만 광주 인구는 감소세로 접어들어 2025년에 140만 명 아래로 떨어졌습니다. 광주공항 후적지를 개발한다고 해서 연담화가 이루어질 가능성이 낮아지는 상황에서, 무조건 아파트만 지으면 되겠냐는 지적이 일부 지역 언론에서도 나오기 시작했습니다.[3]

공항 부지와 소음 권역을 개발해서 광주 전체를 연담화한다는 구상은 분명 논리적입니다. 하지만, 광주가 처한 인구 사회적 현실은 녹록지 않습니다. 더욱이 무안군 측의 반발도 아마 쉽게 가라앉지 않을 겁니다.

도심에 자리한 공항은 김포공항·김해공항·대구공항·하네다공항 등 수없이 많습니다. 시민들은 도심에 공항이 있는 편이 편리합니다. 여기에 2024년 12월 29일 무안공항에서 제주항공 여객기 사고가 발생하면서, 광주·전남 지역 시민들이 타지의 공항을 통해 출국하는 바람에 관광업계가 심각한 어려움을 겪고 있기도 합니다.

2024년 여름에 광주의 행정·정치계를 상대로 이런 문제에 대해 말씀드릴 기회가 있었습니다. 그 자리에서 저는, 광주공항을 그대로 둔 채 국제선을 부활시키고, 첨단3지구 개발 같은 외곽 택지 개발을 계속하는 대신에 기존 도심을 고밀도로 재건축하는 등의 플랜 B도 고려하시라는 제안을 드렸습니다. 하지만 대규모 토건 사업을 일으켜야 하는 현지 건설업체들의 입장을

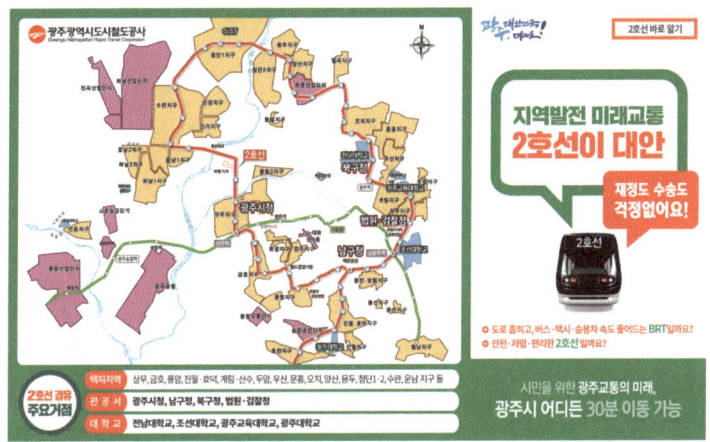

현재의 광주지하철 1호선 및 2호선 계획

광주지하철 2호선 차량기지 근처의 공사 상황. 2024년 7월

고려할 수밖에 없는 광주 지역 사회의 현실을 생각하면, 이런 제안이 받아들여지리라고 예상할 수 없습니다.

광주의 복합 쇼핑몰과 재건축 이슈

광주와 울산에서는 복합 쇼핑몰이 들어오면 상권이 활성화되어 인구가 늘어난다는 주장이 많이 나옵니다. 경기도 수원시 화서에 들어선 스타필드가 그 사례로 거론되는 경우가 많죠. 그래서 광주 어등산의 스타필드,[4] 유스퀘어에 들어설 신세계 복합 쇼핑몰, 전남방직 부지에 들어설 더현대광주 등에 대한 지역 내의 기대도 큽니다. 하지만 고양이나 하남 스타필드의 사례에서 알 수 있듯이, 시 외곽이면서 최근 개발이 활발해진 지역에 복합 쇼핑몰이 들어서는 것이지 그 반대는 아닙니다.[5]

울산의 경우를 예로 들어 보겠습니다, 애초에는 신세계백화점이 우정혁신도시에 진출할 예정이었죠. 하지만 우정혁신도시는 공공기관 직원들의 정주율이 높지 않고, 울산 다른 지역들로부터의 접근성도 좋지 않습니다. 또 울산은 부산으로의 인구 유출이 심각한 반면,[6] 주변 지역에서 울산으로의 인구 유입은 이루어지지 않고 있습니다.[7] 이렇다 보니 신세계가 진출을 주저하고 있는 상황입니다. 신세계가 들어와야 혁신도시의 정주 여건이 획기적으로 개선되고, 혁신도시가 울산의 "문화·상업 중심지로 탈바꿈"할 것이라는 일각의 주장이 있습니다.[8] 하지만, 국가나 지자체가 해야 하는 도시 활성화를 민간 기업에게 떠넘기는 게 아닌가 하는 의구심이 듭니다. 광주에 대해서도 마찬가지

잇따라 들어서는 복합 쇼핑몰을 경계하는 금호월드 측에서 내건 현수막. 2023년 9월

한국석유공사와 울산 우정혁신도시 신세계백화점 부지. 2024년 2월

울산 우정혁신도시의 상가 공실. 2024년 2월

로 바라볼 수 있겠습니다.

한편 광주의 대규모 재개발 사업 가운데, 구도심에서 이루어지는 광천지구 재개발은 순항 중입니다. 사업 시행 지역 내에 자리한 시민아파트도 5·18 관련 역사관으로서 보존된다고 합니다.[9] 2022년 1월 11일에 붕괴 사고가 발생한 화정아이파크는, 2024년 12월에 지상부 철거가 끝나고[10] 2025년 현재 재시공이 진행되고 있습니다.

이처럼 순항 중인 재개발 사업들과는 달리, 또 다른 대단위 사업인 신가동 IBRD 차관주택 단지 재건축 사업은 2025년 하반기 현재 난항 중입니다. 한때는 래미안 같은 브랜드가 들어올 것처럼 선전되던 곳이었지만,[11] 현재는 차관 단지를 철거하고 난 빈 땅으로 남겨져 있습니다.[12]

광주 광천지구 재개발 현장. 2025년 3월

2022년 건설 중 붕괴 사고가 났던 광주 화정아이파크의 재시공 현장. 2025년 3월

광주 광산구 신가동 차관단지가 철거되기 전 모습. 2020년 9월

또한 광주 원도심 지역의 경관을 크게 바꿀 것으로 기대되는 북구 임동의 전남방직·일신방직 부지 개발 사업도 난항을 겪고 있습니다. 이곳에는 더현대광주 등을 포함한 챔피언스 시티가 조성될 예정인데, 착공을 목전에 둔 2025년 9월에 포스코이앤씨가 시공 포기 의사를 밝혔습니다.[13] 포스코이앤씨는 2025년 들어 숱한 사고를 일으키고, 용산정비창 전면1구역 수주에 실패하는 등 사세가 예전 같지 않습니다. 여기에 광주의 아파트 시장에서 미분양 문제가 부각되고 있는 점도 이러한 결정에 영향을 미쳤을 겁니다.

챔피언스시티가 조성될 예정인 광주 북구 임동의 옛 전남방직·일신방직 부지. 2020년 11월

포스코이앤씨가 수주에 실패한 서울 용산정비창 전면1구역의 경관. 2025년 4월

목포·무안·신안·영암

목포 구도심은 온금지구 재개발이 좌절되었다가 재추진되고 있고,[14] 북항에 있는 IBRD 차관주택 단지에서도 지주조합에 의한 재개발이 추진되고 있습니다.[15] 타 지역에서는 지역주택조합의 성공 사례와 더불어 폐해도 다수 발생하고 있는데요, 목포에서는 이들 사업이 어떻게 추진될지 지켜볼 필요가 있겠습니다.

또 차관주택 단지가 자리한 북항 지역은 연약 지반으로 악명 높은 곳이어서, 고층 아파트 단지로 재건축하기 전에 연약 지반 처리를 잘 할지 지켜봐야 하겠습니다.[16]

한편 목포와 무안에 걸쳐 조성 중인 전남도청 배후의 남악 신도시 및 오룡지구에서는, 세종을 비롯한 신도시에 반드시 따라붙는 상가 공실 문제가 발생하고 있습니다.[17] 또 이 지역이 간척지임에도 불구하고 연약 지반 처리를 제대로 하지 않는 바람에 지반 붕괴가 잇따르고 있으며,[18] 부실 공사 논란도 끊이지 않고 있습니다.[19]

이런 상황에도 불구하고 남악·오룡신도시의 인구는 증가하고 있습니다.[20] 이것은 목포시에서 신도시로 이주하는 시민들이 많기 때문입니다. 목포는 도시 안에 개발할 수 있는 땅이 거의 남아 있지 않다 보니 이런 현상이 발생하는 거죠. 이렇게 목포에 인접한 신도시 쪽의 인구가 늘다 보니, 무안군 내의 행정·정치 중심지인 무안읍과 신도시 주민들 간의 의견 차이가 점점 커지고 있습니다. 이것이 광주 군공항의 무안공항 이전 및 목포·무안·신안 통합 문제 등에도 영향을 미치고 있습니다.

2018년 11월 당시의 목포 서산 온금지구 재개발 추진 상황

목포 북항 차관단지 재개발 추진 지역의 모습. 2025년 6월

목포역 근처의 공실. 2024년 6월

　목포에서 영산강 건너 남쪽에 자리한 영암군 삼호읍 역시, 군청이 자리한 영암읍이 아닌 강 건너 목포와 생활권을 공유하고 있습니다. 개인적으로는 목포·무안·신안·영암을 행정 통합해서 목포·도청신도시·삼호읍을 통합 시의 중심으로 삼는 것이 전남 서부 소권 전체에 긍정적인 영향을 미치리라 생각합니다. 하지만 다른 지역과 마찬가지로 전남 서부 소권에서도 행정 통합은 지극히 어려울 것으로 예상됩니다.

목포와 맞닿은 전남 무안 삼향읍 남악리에 들어선 전남도청. 2024년 6월

전남도청 배후에 들어선 남악신도시 오룡지구의 경관. 2024년 6월

13
제주 소권

제2공항과 제주도의 균형 발전

새만금 신공항 기본계획을 취소하라는 1심 소송 결과가 2025년 9월 11일에 서울행정법원에서 나왔습니다. 이 판결은 3심까지 가야 최종적으로 확정될 것이지만, 이미 가덕도 신공항 및 제주 제2공항 등의 미래에 영향을 미치고 있습니다. 항공기와 조류가 충돌할 위험이 크고, 생태계 훼손 가능성도 있다는 판결 내용이 이들 공항에도 공통되기 때문입니다.[1]

다만 새만금 신공항은 미군이 사용하는 군산공항의 확장이라는 성격을 띠고 있기 때문에, 최종적으로 3심까지 가면 1심 판결이 뒤집어지지 않을까 개인적으로는 예측하고 있습니다. 제주 제2공항 역시 군사적 목적을 띤 것으로 보이기 때문에, 결국은 건설되지 않을까 조심스럽게 짐작해 봅니다.[2]

제주 제2공항의 입지는 행정적으로는 서귀포시에 속하지만, 서귀포시청이 자리한 섬의 남쪽 해안이 아니라 섬의 동북부에 자리하고 있습니다. 그렇기 때문에 제주도의 남북을 균형적으로 발전시키는 역할은 하지 않을 것으로 보입니다. 그 대신, 그간 접근성 문제로 인해 개발이 상대적으로 더뎠던 섬의 동쪽 해안 지역이 발전할 계기를 마련할 것으로 예상됩니다.

    제주도는 그간 북쪽의 제주시청과 남쪽의 서귀포시청을 거점 삼아 남북으로 개발되어 왔습니다. 제2공항이 만들어진다면 성산·구좌·표선 등 섬 동쪽의 포인트들이 전국적으로 주목받게 될 것입니다. 여름에는 삼척·울진·영덕, 겨울에는 제주 제2공항 근처의 동부 지역으로 계절에 맞춰 휴양·요양 시설을 이동시키는 방식을 취한다면, 대도시에서 은퇴를 맞이한 시민들을 유인하여 생활인구를 증가시킬 수 있을 겁니다.

    제주도 서부에서는, 식민지 시기부터 공업항으로서 기능하던 한림항 일대가 주목됩니다. 특히 한림읍 일대에서는 풍력 발전 사업이 활발합니다.[3] 전기·물·상하수도 등의 인프라 문제를 고질적으로 지니고 있는 제주로서는 이런 사업들이 성공하는 것이 미래를 위해 중요합니다.

동남권·제주 소권에 걸쳐 있는 고흥군

제주와 뭍을 잇는 교통의 요지로서 성장한 고흥군 도양읍 녹동항 일대도 제주권으로 볼 수 있습니다. 해상 교통의 요지인 녹동항은 고흥군청 소재지인 고흥읍보다도 더 유동 인구가 많고, 더 큰 도회지의 모습을 보입니다. 고흥은 2025년 8월 시점에 인구가 6만 명 아래로 떨어져, 인구 감소와 지방 소멸 상황에 처해 있

제주 제2공항이 들어서면 전국적으로 주목받을 표선면 표선리. 2023년 11월

제주 제2공항 예정지 인근인 구좌읍 행원리의 풍력 발전 경관. 2024년 7월

제주 제2공항 예정지 인근 지역에 내걸린 공항 건설 반대 현수막. 2023년 11월

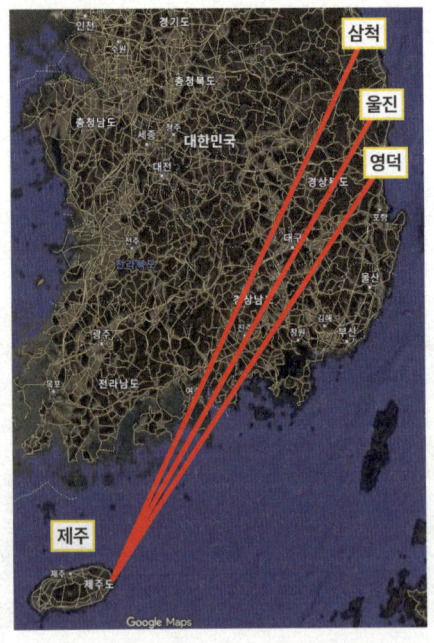

제주 소권과 동해안 소권의 상생 아이디어

식민지 시기에 운영되던 제주 서부 한림항 인근의 감태 공장. 2023년 1월

제주 서부의 거점인 한림읍 한림리의 풍력 발전 경관. 2024년 7월

습니다.

고흥군은 군청 소재지(고흥읍)와 녹동항(도양읍), 나로우주센터(봉래면), 그리고 남해고속도로·보성목포선에 가까운 북부 지역이라는 세 곳의 거점이 삼각형 형태로 멀리 떨어져 있습니다. 그렇다 보니 증평·거창처럼 압축도시를 설계하는 것은 쉽지 않습니다.

고흥군은 나로우주센터 유치를 모멘텀 삼아 2030년까지 인구 10만을 달성하겠다는 목표를 내걸고 있습니다.[4] 2024년에 고흥 우주발사체 산업단지가 예타 면제를 받아 고흥군청 서쪽 인근에 건설되는 것이 확정되었습니다.[5] 따라서 고흥군청과 우주산단을 중심으로 압축도시를 조성하고, 그 이상의 택지 개발을 억제할 수 있다면, 최소한 인구 감소세를 늦추고 나아가 소폭이라도 인구 증가세로 바꾸는 것은 가능해 보입니다.

제주와의 교류 거점으로 번성하는 전남 고흥군 녹동항. 2023년 10월

고흥 녹동항 배후 지역. 2023년 10월

고흥 나로우주센터. 2023년 10월

국토교통부가 2024년 6월 18일 발표한 '고흥, 울진 신규 국가산단 예타면제 신속 추진' 보도자료에 게시된 고흥 우주발사체 국가산업단지 위치도

참고 자료

1장

1. 「'GTX-C노선' 천안 아산 연장 득과 실은?」, 노컷뉴스, 2024년 1월 30일. https://www.nocutnews.co.kr/news/6086763
2. 「드디어 베일 벗은 '2기 GTX'…D·E·F 노선 '이곳' 지난다」, 한국경제, 2024년 1월 25일. https://www.hankyung.com/article/202401259242i
3. 「첫 삽도 못 뜬 GTX-C, 2028년 개통 물건너갔다」, 이데일리, 2024년 8월 7일. https://news.nate.com/view/20240807n01923?mid=n1101
4. 「공사비 후폭풍에 철도 사업 '올스톱'」, 시사저널, 2024년 6월 25일. https://www.sisajournal-e.com/news/articleView.html?idxno=403796
5. 「현대건설의 수의계약 중단 절차 착수」, 뉴시스, 2025년 5월 8일. https://n.news.naver.com/mnews/article/003/0013229993?sid=101
6. 「'4차례 유찰' 가덕도 신공항 공사, 결국 수의계약으로 추진」, 뉴시스, 2024년 9월 13일. https://www.donga.com/news/Economy/article/all/20240912/130036175/1
7. 「포스코이앤씨 '면허취소' 위기에 가덕도신공항 사업탈퇴」, 주간조선, 2025년 8월 8일. https://weekly.chosun.com/news/articleView.html?idxno=43764
8. 정주영, 『이 땅에 태어나서』, 솔, 1998년, 115-126면.
9. 「가덕도신공항, 시간이 아니라 의지가 만든다」, 국제신문, 2025년 5월 19일. https://www.kookje.co.kr/news2011/asp/newsbody.asp?code=1700&key=20250520.22019004911

10 「현대건설 "가덕도 신공항 공사 기간 늘려줘도 재입찰 참여 안 할것"」, 조선일보, 2025년 6월 10일. https://www.chosun.com/economy/real_estate/2025/06/10/WSO3NB2O2RDENFOPQJJBZ46V4Y/?utm_source=naver&utm_medium=referral&utm_campaign=naver-news

11 「'가덕신공항 포기' 현대건설, 제재 피하나…"나쁜 선례"」, 노컷뉴스, 2025년 9월22일. https://www.nocutnews.co.kr/news/6403790

12 「가덕도신공항 부지조성 공기 '111개월' 격격 제시… 부산시 84개월 고수 "입찰 지연되나"」, 조선일보, 2025년 9월 5일. https://n.news.naver.com/mnews/article/366/0001105709?sid=101

13 「"신공항, 첫삽 좀 뜨자"…정치로 시작했다 정치 때문에 꼬여」, 내일신문, 2025년 5월 23일. https://www.naeil.com/news/read/548973

14 「[김해공항 확장] 신공항 백지화한 'ADPi'는 어떤 회사?」, 조선비즈, 2016년 6월21일. https://biz.chosun.com/site/data/html_dir/2016/06/21/2016062101868.html

15 「'딜레마'에 빠진 가덕도신공항, '원점 재검토' 필요성 대두」, 데일리안, 2025년 5월 11일. https://www.dailian.co.kr/news/view/1495674

16 「가덕도신공항 표류, 표 낚시꾼들은 왜 말없나」, 이데일리, 2025년 5월 16일. https://www.edaily.co.kr/News/Read?newsId=01328406642169576&mediaCodeNo=257

17 「"가덕도 신공항, 입지부터 치명적" 부산 여권인사 첫 비판 - 가덕도 속한 前 강서구청장 쓴소리」, 조선일보, 2025년 8월 5일. https://www.chosun.com/national/transport-environment/2025/08/05/YEBW7WYO5BBJTNXUFO7HX3RAKE/

18 「해수부 2029년 이전설에 부산 발칵」, 부산일보, 2025년 6월 22일. https://mobile.busan.com/view/busan/view.php?code=2025062218303935591

19 「국정위 "대통령 세종집무실, 이 대통령 임기 안에 건립"…신속추진 과제 선정」, 경향신문, 2025년 8월 5일. https://www.khan.co.kr/article/202508051654001

20 「GTX-B 예산도 41% '싹둑'… 정부, SOC 사업 감액 '속도 조절'」, 조선비즈, 2025년 6월 20일. https://biz.chosun.com/policy/policy_sub/2025/06/20/P4KMIHC7MVHAXE3PISNXKYSM5I/?utm_source=naver&utm_medium=original&utm_campaign=biz

21 「수도권광역급행철도 B노선(용산~상봉) 기본계획 확정·고시」, 국토교통부, 2022년 3월 22일. https://www.molit.go.kr/USR/NEWS/m_71/dtl.

jsp?lcmspage=1&id=95086594

22 「사업비 증액에 멈춘 GTX-C노선…"돌파구 없인 착공 불가"」, 중앙일보, 2025년 8월 6일. https://www.joongang.co.kr/article/25357054#:~:text=C%20%EB%85%B8%EC%84%A0%EC%9D%80%20%EB%8D%95%EC%A0%95%EC%97%90%EC%84%9C,4%EC%A1%B0%206000%EC%96%B5%EC%9B%90%EC%9D%B4%EB%8B%A4.

23 「진퇴양난 GTX-C…공사비 증액 검토」, 대한경제, 2025년 6월 11일. https://m.dnews.co.kr/m_home/view.jsp?idxno=202506101328341110350

24 「수인선 복선공사 내년 착공」, 경향신문, 1993년 2월 17일. https://newslibrary.naver.com/viewer/index.naver?articleId=1993021700329121005&editNo=15&printCount=1&publishDate=1993-02-17&officeId=00032&pageNo=21&printNo=14675&publishType=00010

25 「신안산선 민간투자사업으로 추진.. 2023년 개통」, 정책브리핑, 2015년 8월 17일. https://www.korea.kr/briefing/pressReleaseView.do?newsId=156070224&pWise=sub&pWiseSub=J1#pressRelease

26 「「신안산선」개통 계획, 내년 4월에서 2027년으로 미뤄져」, 시흥신문, 2024년 7월 15일. http://www.shnews.net/news/articleView.html?idxno=49987

27 「"이렇게는 못 지어"…공공공사 외면하는 건설사들」, 더팩트, 2025년 6월 9일. https://news.tf.co.kr/read/economy/2212368.htm

28 「반쪽 GTX 전락시킨 삼성역 영동대로 공사, 672억 증액해 재입찰」, 땅집고, 2024년 5월 31일. https://realty.chosun.com/site/data/html_dir/2024/05/31/2024053101152.html

29 「GTX A·C 노선 연장…사업비 부담이 관건」, ch B tv 기남, 2024년 5월 21일. https://www.youtube.com/watch?v=xOGSlTVZa9s

30 「"GTX-B 위탁운영 맡는 코레일…C노선도 가능성 높아"」, 철도경제신문, 2024년 5월 30일. https://www.redaily.co.kr/news/articleView.html?idxno=7939

31 「'인천의 강남'이라더니…송도, 분양가보다 1억 뚝뚝」, 땅집고, 2025년 5월 21일. https://v.daum.net/v/1pSvRxe796?f=m

32 「'100조' 철도 지하화 사업성 확보 가능할까…"천문학적 비용 우려"」, 머니투데이, 2024년 5월 27일. https://news.mt.co.kr/mtview.php?no=2024052715452548685

33 「서울 지상철도 68km 지하화…'제2의 센트럴파크' 만든다」, 연합뉴스, 2024년 10월 23일. https://www.yna.co.kr/view/AKR20241022144900004
34 「경기도, 국토부에 4개 노선 '철도지하화' 제안」, 철도경제신문, 2025년 6월 3일. https://www.redaily.co.kr/news/articleView.html?idxno=12421
35 「윤 대통령 "2045년까지 우주개발 100조원 투자 이끌어낼 것"」, 경북일보, 2024년 3월 13일. https://www.kyongbuk.co.kr/news/articleView.html?idxno=4003600
36 「경북 등 8개 시·도 기회발전특구 첫 지정…40조 이상 투자」, 노컷뉴스, 2024년 6월 20일. https://www.nocutnews.co.kr/news/6164487
37 「충청권 1시간으로 묶인다…CTX 사업 '질주'」, 중도일보, 2024년 5월 21일. https://m.joongdo.co.kr/view.php?key=20240520010005807
「GTX·CTX 특수에 충청도 들썩…'더샵' 완판에 '동일' 줍줍까지」, 이뉴스투데이, 2024년 3월 18일. https://www.enewstoday.co.kr/news/articleView.html?idxno=2103066
38 「"AI 100조 투자" "난 200조"…대선 후보들 숫자 싸움 시작했다」, 중앙일보, 2025년 4월 20일. https://www.joongang.co.kr/article/25329789
39 「'신안산선 붕괴' 시공사 포스코이앤씨 압수수색…부실시공 의혹 등 수사」, YTN, 2025년 4월 25일. https://www.youtube.com/watch?v=OILxdrJJJBI
40 「천장서 바닷물 줄줄, 인천 송도 2000가구 신축의 배신」, 땅집고, 2025년 5월 19일. https://realty.chosun.com/site/data/html_dir/2025/05/16/2025051602627.html
41 「今読むとびっくり？！ルールなき昭和の不動産広告」, スーモジャーナル, 2017년 1월 27일. https://suumo.jp/journal/2017/01/27/127237/
42 「수도권 과밀화 해소에 밀린 '서울 편입론'」, 인천일보, 2025년 5월 26일. https://www.incheonilbo.com/news/articleView.html?idxno=1290366
43 「'평화누리자치도'로 더 멀어진 '라스트 마일'」, 한겨레, 2024년 5월 7일. https://www.hani.co.kr/arti/opinion/column/1139538.html
44 「李 "경기북도 분도땐 강원서도로 전락" 韓 "강원 비하 사죄하라"」, 조선일보, 2024년 3월 24일. https://www.chosun.com/politics/politics_general/2024/03/24/TLOGNCQE4BAA7LI5F76U5MUSX4/
45 「김포 5호선 연장 '무산 위기' 대광위 도대체 뭐하나?」, 헬로tv뉴스 2024년 6월 10일. https://www.youtube.com/watch?v=TdLiiERkqak

46 「김포~청량리 30분…'김부선' GTX-D, '김청선'으로 늘려 예타 통과」, 중앙일보, 2025년 7월 10일. https://www.joongang.co.kr/article/25350466

47 「"GTX-D서울 직결·5호선 김포 연장하라" 촛불 든 김포시민들」, 머니투데이, 2021년 5월 8일. https://news.mt.co.kr/mtview.php?no=2021050821248214248

48 「양천구, 목동13단지 "역세권 중심 개방형 대단지로"…18일 주민설명회」(양천구청 보도자료), 연합뉴스, 2024년 10월 17일. https://www.yna.co.kr/view/RPR20241017000100353

49 「김포공항 고도제한 확대… 목동·서남권 재건축, '나 떨고 있니'」, 네이버페이 머니스토리, 2025년 8월 25일. https://story.pay.naver.com/content/1281_27_C10

50 「김포시 "서울2·5·9호선 김포 연장 추진"…인천과 또 '줄다리기'」, 인천투데이, 2024년 4월 18일. https://www.incheontoday.com/news/articleView.html?idxno=245279

51 「'2차 공공기관 이전' 추진일정 또 연기…내년 하반기 이후로」, 연합뉴스, 2024년 12월 1일. https://www.yna.co.kr/view/AKR20241130040600003

52 「화성 시민, 경기국제공항 후보지 발표에 수원비행장 이전 꼼수 반발」, 한겨레, 2024년 11월 10일. https://www.hani.co.kr/arti/area/capital/1166687.html

53 「'국가사업화'에 '폐쇄'까지…윤곽 드러내는 '광주 군공항 이전 플랜B'」, 서울신문, 2024년 9월 10일. https://www.seoul.co.kr/news/society/2024/09/10/20240910500056

「'광주 마륵동 탄약고 이전' 2681억 쓰고 중단…공사 재개 요구」, 뉴시스, 2024년 10월 23일. https://www.newsis.com/view/NISX20241023_0002930942?pc_view=1

「광주 발전 막는 '마륵동 탄약고'… 이전 공사 6월 재개」, 서울신문, 2025년 3월 31일. https://go.seoul.co.kr/news/newsView.php?id=20250401024009

54 「고흥군, 단조립장 순천 결정에 "나로우주센터 폐쇄하자" 격앙」, 무등일보, 2023년 4월 19일. https://mdilbo.com/detail/0kIA7d/693080

55 「'유령역' 별명 붙은 KTX 공주역 살려낼 수 있는 방법은 '이것' 뿐…」, 경향신문, 2021년 5월 20일. https://www.khan.co.kr/article/202105201023001

56 「"KTX 세종역 공약하면 낙선운동" 충북 민간단체 '발끈'」, MBC충북,

2025년 5월 20일. https://v.daum.net/v/20250520153456115?f=p

57 조갑제, 『윤석열 몰락의 기록』, 조갑제닷컴, 2025, 166~167면.

58 손정목, 『한국 도시 60년의 이야기 2』, 한울, 2005, 67면.

59 「1차 마감 후 2차모집도 성황 '한양립스 스카이 세종' 연일 관심 몰이」, 디지털타임스, 2025년 5월 16일. https://www.dt.co.kr/contents.html?article_no=2025051602109923060001

60 「"조치원 49층 아파트 광고, 세종시민 피해 없기 바랄 뿐"」, 세종의소리, 2024년 12월 27일. https://www.sjsori.com/news/articleView.html?idxno=72802

61 중화학공업추진위원회 기획단, 『행정수도 건설을 위한 백지계획 후보지 선정에 관한 1차 조사』, 1978.

62 「"北, 서울 겨냥해 핵무기 한발 쏘면 약 78만명 사망"」, 연합뉴스, 2017년 10월 5일. https://www.yna.co.kr/view/AKR20171005014251071

63 피터 나바로, 『웅크린 호랑이』, 레디셋고, 2017, 157면.

64 정민수 외 「BOK 이슈노트 제2024-15호 지역경제 성장요인 분석과 거점도시 중심 균형발전」, 한국은행, 2024년 6월 19일.

65 「대선 끝나니 썰렁 … 세종아파트 테마주였나」, 매일경제 2025년 6월 5일. https://n.news.naver.com/article/009/0005504292?sid=101

66 「'항우연·천문연 사천이전 특별법' 사실상 철회… 갈등의 불씨는 여전」, 대전일보, 2025년 6월 19일. https://www.daejonilbo.com/news/articleView.html?idxno=2210030

67 「전재수 해수 후보 "해수부 부산 이전, 남단에 새 수도권 만드는 것"」, 머니투데이, 2025년 7월 14일. https://news.mt.co.kr/mtview.php?no=2025071412100373824

68 「혁신도시 공공기관 유출... 관련 지침 개정으로 막는다」, 서경방송, 2025년 1월 16일. https://www.cnbnews.com/news/article.html?no=703045

69 「"수도권 소재 공공기관 2차 이전 서둘러야"」, 경남도민신문, 2024년 4월 25일. http://www.gndomin.com/news/articleView.html?idxno=391142
「2차 공공기관이전 이번엔 확실히 짚고 넘어가자」, 충청투데이, 2025년 4월 20일, https://www.cctoday.co.kr/news/articleView.html?idxno=2210979
「전남도, 공공기관 이전 대상 '새판 짠다'」, 남도일보, 2025년 6월 22일. https://www.namdonews.com/news/articleView.html?idxno=824025

70 「본투표만큼 비중 큰 사전투표 D-3 … 아직도 겉도는 선거판」, 동아일보,

2025년 5월 25일. https://v.daum.net/v/20250525233014204

2장

1 「옥상에 '그것' 입주민 누구도 몰랐다…서울 아파트 꼭대기에 무슨 일이」, 매일경제, 2025년 6월 4일. https://www.mk.co.kr/news/realestate/11334791
2 「트럼프-푸틴 회담에 우크라전 종식 기대감…재건주↑·방산주↓」, 연합뉴스, 2025년 8월 8일. https://www.yna.co.kr/view/AKR20250808037151008
3 「"우크라이나 영토 회복 가능" 트럼프 '변심'에 전 세계 방산주 들썩」, 파이낸셜뉴스, 2025년 9월 25일. https://www.fnnews.com/news/202509251402336437
4 폴 대니어리,『우크라이나와 러시아』, 고려대학교출판문화원, 2023, 54면.
5 「우크라 前총사령관 "러우전쟁 2034년까지 지속될 수도"」, 뉴시스, 2025년 7월 25일. https://www.donga.com/news/Inter/article/all/20250725/132069486/1
6 「나토 간 보는 푸틴? 러 드론, 이번엔 루마니아」, 머니투데이, 2025년 9월 15일. https://news.mt.co.kr/mtview.php?no=2025091423011388897
7 「푸틴, 나토 영공 또 넘었다…에스토니아 "러 전투기 3대, 12분간 비행"」, 머니투데이, 2025년 9월 20일. https://news.mt.co.kr/mtview.php?no=2025092013224655505
8 「영국, 2조 넘는 '역대급' 방산투자 예고…"전비 태세 복원"」, 한국경제, 2025년 6월 1일. https://www.hankyung.com/article/2025060191737
9 "Poland 'closer to military conflict than at any time since WW2' as Nato allies weigh response to Russian drones", The Guardian, 2025년 9월 10일. https://www.theguardian.com/world/2025/sep/10/poland-shoots-down-drones-over-its-territory-amid-russian-attack-on-ukraine-says-military
10 "Europa im Krieg", Welt, 2025년 9월 15일. https://www.welt.de/debatte/plus68c6c386f313976149c6f4bf/Russische-Drohnen-Europa-im-Krieg.html
11 "The ex-Tory MP fighting for Ukraine's surviva", The Times, 2025년 9월 25일. https://www.thetimes.com/life-style/celebrity/article/jack-lopresti-

ukraine-grcxmnjkj

12 「젤렌스키 대통령 "러 제공 드론 기술, 서울과 도쿄 위협할 것" 경고」, 서울신문, 2025년 6월 12일. https://n.news.naver.com/mnews/article/081/0003548453
「"러 극동 파견 북 노동자, 러군 입대… 수백명 우크라 인근 배치"」, 문화일보, 2025년 9월 22일. https://www.munhwa.com/article/11534675

13 「나토 정상회의 "우크라 지원 확대…한국과 정보 공유 강화"」, 연합뉴스, 2024년 7월 11일. https://www.yonhapnewstv.co.kr/news/MYH20240711005600032

14 Visegrád24, 2025년 9월 16일. https://x.com/visegrad24/status/1967895444484235594

15 "How Russia is Helping China Prepare to Seize Taiwan", RUSI, 2025년 9월 26일. https://www.rusi.org/explore-our-research/publications/commentary/how-russia-helping-china-prepare-seize-taiwan

16 「이 대통령 "안미경중 취할 수 없어…대중 관계 잘 관리해야"」, 한겨레, 2025년 8월 26일. https://www.hani.co.kr/arti/politics/bluehouse/1215376.html

17 「알몬티 대한중석, 한국 텅스텐 글로벌 공급망 재진입 선도」, 철강금속신문, 2024년 9월 2일. http://www.snmnews.com/news/articleView.html?idxno=540329

18 「'워렌 버핏'이 2번이나 방문한 국내 도시는?」, 서울경제, 2024년 2월 9일. https://www.sedaily.com/NewsView/2D5AK4P6DB

19 「트럼프 대뜸 "노벨평화상 말인데…" 노르웨이 장관 통화서 한 말」, 중앙일보, 2025년 8월 15일. https://www.joongang.co.kr/article/25359268
「트럼프, 유엔 '맹비난'…"한 일이라곤 고장난 프롬프터·에스컬레이터뿐"」, 중앙일보, 2025년 9월 24일. https://www.joongang.co.kr/article/25369366

20 나탈리야 게오르칸, 『푸틴 자서전』, 문학사상사, 2001, 266~267면.

21 「서방과 멀어지는 러…모스크바 '유럽광장', '유라시아 광장'으로」, 연합뉴스, 2024년 7월 25일. https://www.yna.co.kr/view/AKR20240725078300009

22 "Tuareg Spokesperson Accuses Senegal and ECOWAS of Ignoring Wagner War Crimes", Kyiv Post, 2024년 8월 7일. https://www.kyivpost.com/post/37032

23 「박 대통령의 '중국 공들이기', 사드 배치로 물거품 위기」, 한겨레, 2016년 7월

10일. https://www.hani.co.kr/arti/politics/bluehouse/751708.html

24 「인도 정부, 구자라트 유혈 사태 모디 책임론 제기한 BBC다큐 영상 차단」, 경향신문, 2023년 1월 23일. https://www.khan.co.kr/article/202301231322001
「힌두 민족주의는 어떻게 인도 정계를 장악하게 됐나」, BBC News 코리아, 2024년 5월 10일. https://www.bbc.com/korean/articles/czq54pqdw16o

25 「시진핑, 左김정은·右푸틴과 열병식…반서방 결속 정점」, 뉴스1, 2025년 9월 3일. https://www.news1.kr/world/northeast-asia/5899925

26 「대통령 "접경지 경제특구로 활성화"」, G1방송, 2025년 6월 20일. https://www.g1tv.co.kr/news/?mid=1_207_6&newsid=329487

27 즈비그뉴 브레진스키, 『거대한 체스판』, 삼인, 2000, 156면.

28 「트럼프 관세에 브릭스 똘똘 뭉쳤지만…中, 北·러와 반미동맹은 부담인 이유」, 헤럴드경제, 2025년 9월 8일. https://biz.heraldcorp.com/article/10570958

29 「'C5+1'으로 트럼프에 맞서고, 푸틴 한 방 먹인 시진핑」, 주간조선, 2025년 6월 28일. https://weekly.chosun.com/news/articleView.html?idxno=42904

30 「젠슨 황 "美, 中보다 한 세대 앞서…거래 막으면 화웨이가 반사이익"」, SBS 비즈, 2025년 6월 13일. https://n.news.naver.com/mnews/article/374/0000445560

31 「耕論：何のための英語入試改革　多田幸雄さん　益川敏英さん」, 朝日新聞, 2014년 11월 26일. https://ujikenorio.hatenablog.com/entry/20141201/p1

32 「중국, 인도에 '인구 1위' 뺏겼다…韓은 몇 위?」, 머니투데이, 2023년 4월 30일. https://www.mt.co.kr/world/2023/04/30/2023042514113569936

33 「중국, 60세 이상이 인구의 20% 넘는 '중등도 고령화 사회' 진입」, KBS, 2024년 9월 5일. https://news.kbs.co.kr/news/pc/view/view.do?ncd=8052524

34 「보여주기식 밀착이었나…러 비밀문서에 "중국은 적"」, 중앙일보, 2025년 6월 9일. https://www.joongang.co.kr/article/25342169

35 Vadim Shtepa, "How Moscow Turned Its Far East into Beijing's Raw Material Colony", ICDS, 2023년 2월 7일. https://icds.ee/en/how-moscow-turned-its-far-east-into-beijings-raw-material-colony/

36 즈비그뉴 브레진스키, 『거대한 체스판』, 삼인, 2000, 240~241면.

37 「중국에 집결한 정상들, 글로벌 반미 동맹의 신호탄일까」, BBC News 코리아,

2025년 9월 2일. https://www.bbc.com/korean/articles/c3v3g057gd5o

38 Tymofiy Mylovanov, 2025년 3월 25일. https://x.com/Mylovanov/status/1904461087094808795

39 「김정은 "대한민국은 북한의 주적…전쟁 피할 생각 없어"」, SBS, 2024년 1월 10일. https://www.youtube.com/watch?v=bDySKCAev-M

40 「북한, 유엔 군축회의서 "한국, 적대적 교전국… 더는 동족 아냐"」, 문화일보, 2024년 5월 29일. https://n.news.naver.com/mnews/article/021/0002640063

41 「영국 BBC "북, DMZ 인근에 장벽 건설"…위성사진 공개」, SBS, 2024년 6월 21일. https://n.news.naver.com/mnews/article/055/0001165728

42 「북한, 비무장지대 내 추가 지뢰 설치…국경선 긋기 의도?」, 경향신문, 2024년 5월 17일. https://www.khan.co.kr/politics/defense-diplomacy/article/202405171449001

43 「北, 육로 지뢰매설 이어 동해선 철로 철거...남북 단절조치 계속」, YTN, 2024년 6월 5일. https://www.youtube.com/watch?v=ydLq3bDNwN8
「北, 동해선 이어 경의선 철로 철거… 반년만에 남북연결로 다 끊어」, 동아일보, 2024년 7월 12일. https://n.news.naver.com/mnews/article/020/0003575849?sid=100

44 「영국 BBC "북, DMZ 인근에 장벽 건설"…위성사진 공개」, SBS, 2024년 6월 21일. https://n.news.naver.com/mnews/article/055/0001165728

45 「러, 북 위성발사 지원 넘어 핵·미사일 기술까지 전수하나」, 연합뉴스, 2024년 6월 20일. https://www.yna.co.kr/view/AKR20240620044100504
「"푸틴 방북은 '정치 선전'…일본 '군사강국화' 촉진"」, VOA, 2024년 6월 22일. https://www.voakorea.com/a/7666009.html

46 「나토 사무총장 "우크라이나에 대한 한국의 어떤 지원도 환영"」, VOA, 2024년 7월 12일. https://www.voakorea.com/a/7694678.html

47 「K-방산 단숨에 세계 9위로 껑충…한화 'K9 자주포' 대박 터졌다」, 중앙일보, 2023년 12월 28일. https://n.news.naver.com/mnews/article/025/0003331757?sid=104

48 「트럼프 '캐나다 합병' 농담인줄 알았는데…'이 여성' 폭탄선언에 긴장감 고조」, 아시아경제, 2025년 5월 10일. https://cm.asiae.co.kr/article/2025050916202302306

49 「한화에어로, 육, 해, 공 정비시장 공략 나선다」, SBS비즈, 2025년 6월 25일.

https://biz.sbs.co.kr/article/20000242629?division=NAVER

50 "US Forces Korea leader says his troops deter China, guard 'freedom's front yard'", Stars and Stripes, 2025년 5월 16일. https://www.stripes.com/branches/army/2025-05-16/brunson-south-korea-china-lanpac-17807125.html

51 피터 나바로, 『웅크린 호랑이』, 레디셋고, 2017, 148~149면.

52 「트럼프 "영원한 적은 없다"… 시리아 제재 풀고, 이란엔 협상 압박」, 조선일보, 2025년 5월 14일. https://v.daum.net/v/20250514021616709?f=p

53 「美 철강사 CEO "US스틸 인수하고 싶다…일본은 악"」, 뉴시스, 2025년 1월 14일. https://www.newsis.com/view/NISX20250114_0003031342

54 「"미국은 일본을 사랑한다"」, 세계일보 2025년 2월 8일. https://www.segye.com/newsView/20250208504688

55 즈비그뉴 브레진스키, 『거대한 체스판』, 삼인, 2000, 205면.

56 「트럼프 말에 '허겁지겁' 비위맞추는 일본…결국 규슈에 무기 배치 한다」, YTN, 2025년 3월 18일. https://n.news.naver.com/mnews/article/052/0002166997

「"더 올려" vs. "못 올려" 미국 방위비 압박 반발한 일본…우리도 할 수 있을까」, 헤럴드경제, 2025년 6월 21일. https://biz.heraldcorp.com/article/10514511?ref=naver

「"중국의 위협 실재"라며 아시아에 '국방비 증액' 압박한 미 국방」, 파이낸셜뉴스, 2025년 5월 31일. https://www.fnnews.com/news/202505311312445288

57 「바이든 "중국, 우릴 시험"…핫마이크에 '다아는 쿼드 비밀' 노출」, SBS, 2024년 9월 22일. https://news.sbs.co.kr/news/endPage.do?news_id=N1007808432&plink=COPYPASTE&cooper=SBSNEWSEND]

58 피터 나바로, 『웅크린 호랑이』, 레디셋고, 2017, 19~20면.

59 「트럼프 관세전쟁 속내 '9쪽 보고서'에 있다」, 주간조선, 2025년 4월 12일. https://n.news.naver.com/mnews/article/053/0000049223

60 「미 하원, 미한일 협력 결의안 채택… "북중 공세에 맞서야"」, VOA, 2024년 9월 11일. https://www.voakorea.com/a/7778991.html

61 「트럼프 측근 해거티 "韓日 정치 갈등에 불만…3자 협력 가로막아"」, 한국경제, 2025년 2월 7일. https://www.hankyung.com/article/202502070307i

62 「트럼프 "한일, 잘지내기 어려운가"... 李 "일본 먼저 들러 정리했다"」, 조

선일보, 2025년 8월 26일. https://www.chosun.com/politics/politics_general/2025/08/26/Q5R6YVU55RCDZFPCWXD2W5J4EI/

63 「일본, 한반도 포함된 광역전쟁 구상 설파…"한국은 우려"」, KBS, 2025년 5월 28일. https://news.kbs.co.kr/news/pc/view/view.do?ncd=8265678&ref=A

64 오드리 탕, 『프로그래머 장관 오드리 탕, 내일을 위한 디지털을 말하다』, 프리렉, 2021, 108~109면.

65 「젠슨 황 '대만=국가' 발언에도 아무말 못하는 중국…엔비디아의 힘?」, 조선일보, 2024년 6월 5일. https://www.chosun.com/international/international_general/2024/06/05/RQANN57ZCZG4XGC3MNZUG7435M/

66 「美, 韓에 대만 방어 지원 압박 가능성… 中은 6개월 만에 대만 포위 군사훈련」, 세계일보, 2025년 4월 1일. https://n.news.naver.com/mnews/article/022/0004024075
「미국 싱크탱크 "주한미군, 한반도에 가둘 수 없어…타이완 분쟁 시 역할"」, YTN, 2025년 7월 11일. https://www.ytn.co.kr/_ln/0104_202507111511142853
「美전문가 "韓, 중국이 대만공격 않도록 설득하는 외교 해야"」, 연합뉴스, 2025년 5월 14일. https://www.yna.co.kr/view/AKR20250514004200071

67 「트럼프 2기 외교 참모 후보들, 한국 핵무장 "한·미 긴밀히 논의할 사안"」, 경향신문, 2024년 7월 16일. https://www.khan.co.kr/world/america/article/202407160512001

68 「美, 한국전 부른 애치슨라인 또 긋나…"트럼프 보면 불안"」, 연합뉴스, 2025년 9월 23일. https://www.yna.co.kr/view/AKR20250923172900073

69 크리스 밀러『칩 워, 누가 반도체 전쟁의 최후 승자가 될 것인가』, 부키, 2023.
Eric Jung, "The "Chip 4 Alliance" and Taiwan – South Korea Relations", Global Taiwan Institute, 2023년 9월 20일. https://globaltaiwan.org/2023/09/the-chip-4-alliance-and-taiwansouth-korea-relations/

70 「[인터뷰] 존 에버라드 전 북한 주재 영국대사」, 주간조선, 2024년 7월 20일. https://weekly.chosun.com/news/articleView.html?idxno=36036

71 「'중국섬' 되는 제주도?…타이완 언론 경고」, YTN, 2024년 6월 26일. https://www.youtube.com/watch?v=jZKZc0zJsjk

72 「중국 자본 열풍 불었던 제주…기대 컸지만 와르르 무너져」, KBS, 2024년 6월 15일. https://www.youtube.com/watch?v=JsYdOMly7oM

73 「美인스파이어와 달리…중국계 미단시티 카지노는 좌초」, 서울경제 2024년

3월 18일. https://www.sedaily.com/NewsView/2D6OOPHR5V
74 「국내 최대 한중합작 무안기업도시 본격 착수」, 국토교통부, 2009년 1월 20일.
75 「전남 '무안기업도시' 개발 무산되나」, 조선일보 2012년 2월 6일. https://www.chosun.com/site/data/html_dir/2012/02/05/2012020501372.html
76 「미중 싸움에 등 터지는 새만금 이차전지」, 전북일보, 2024년 5월 26일. https://www.jjan.kr/article/20240524580075
77 「"한국, 다른 나라 뒤에 숨을 수 있는 작은 나라 아냐… 능동적 결정해야"」, 조선일보, 2025년 2월 5일. https://www.chosun.com/international/international_general/2025/02/05/WNG4AEUEQFHHLPSTNYSMZTTTSQ/
78 「미국 제철소 짓는 현대제철, 인천공장은 셧다운」, 중앙일보, 2025년 3월 28일. https://www.joongang.co.kr/article/25324225
79 「철강·2차전지 '포항 경제 쌍두마차' 불황의 늪 빠져 헛바퀴」, 매일신문, 2025년 6월 10일. https://www.imaeil.com/page/view/2025061015221141322
80 「중국·중동 공세에 '녹다운'… 석유화학공장 줄줄이 '셧다운'」, 문화일보, 2025년 8월 8일. https://www.munhwa.com/article/11524675
「사택 부지까지 내놓은 석화업계…현금 확보에 부동산 개발 카드」, 뉴스1, 2025년 8월 1일. https://www.news1.kr/realestate/general/5865742
81 「교량 침하에 도심 교통 마비…"전면 철거에 무게" / 배수장 멈춰 침수?…주민들 "명백한 인재"」, KBS대전, 2024년 7월 12일. https://www.youtube.com/watch?v=HRV2W_FhrbQ
82 「"강남역 대심도 빗물터널 10월 착공"…환경부, 올해 물 재해 대비 총력」, 전자신문, 2025년 1월 23일. https://www.etnews.com/20250123000447
「서울시, 2029년까지 빗물펌프장·배수터널·저류조 구축에 1.8조 투입」, 기계설비신문, 2025년 5월 19일. https://www.kmecnews.co.kr/news/articleView.html?idxno=40955
83 「"자연 방화림 '임도' 적어 산불 피해 더 컸다" 전문가들 지적」, 머니투데이, 2025년 3월 24일. https://n.news.naver.com/article/008/0005170024?sid=101
84 「산불·병충해·오염…'국목(國木)' 소나무의 소리없는 비명」, 중앙일보, 2019년 4월 13일. https://news.nate.com/view/20190413n06691

85 「"활엽수 뽑고 불 잘타는 소나무 심더니"…히말라야도 7개월 태웠다」, 머니투데이, 2025년 3월 29일. https://n.news.naver.com/mnews/article/008/0005172748

86 「전국 대형 산불로 몸살인데… 영농철 불법 소각 단속 한계」, 세계일보, 2025년 3월 28일. https://n.news.naver.com/article/022/0004022930?sid=102

「산불 연기 보이는데 여전한 '불법 소각'…"정신 못 차렸네"」, 매일신문, 2025년 3월 27일. https://n.news.naver.com/article/088/0000938405?sid=102

87 「쓰레기 태우다, 성묘하다…사람이 불붙인 人災」, 한국경제, 2025년 3월 23일. https://www.hankyung.com/article/2025032326091

88 「이동필 前 장관 "9년 농사 30분 만에 다 태운 산불… 누가 귀농하겠나"」, 조선일보, 2025년 4월 4일. https://www.chosun.com/national/national_general/2025/04/04/TH2VUUO7HZBGJA3VALCNV63PJI/

89 「뼈대뿐인 집, 코 찌르는 탄내…"귀촌 꿈까지 타버려"」, 서울경제, 2025년 3월 28일. https://news.nate.com/view/20250328n31294

90 「잿더미 속 홀로 '멀쩡'…LA 산불 버틴 집, 어떻게 지었길래」, 머니투데이, 2025년 1월 13일. https://news.mt.co.kr/mtview.php?no=2025011315094389005

3장

1 「대전에 밀리고 세종에 치이던 공주… 갑자기 청년들이 모이기 시작했다」, 한국일보, 2023년 7월 8일. https://www.hankookilbo.com/News/Read/A2023070614530005734?did=NA

2 공주시 웹사이트에 공개된 2025년 10월 말 공주시 인구 통계. https://www.gongju.go.kr/prog/popule/stat/sub01_02_01_01/list.do

3 「'도시재생 1호' 창신동 일대, 4542가구 대단지 들어선다」, 집코노미, 2025년 7월 20일. https://www.hankyung.com/article/202507209327i

4 「도청사 이전 확정에 명동상권 위기감 고조」, 강원도민일보, 2022년 12월 20일. https://www.kado.net/news/articleView.html?idxno=1160538

5 「사람 떠난 빈집, 도시재생의 발목을 잡다」, 목포MBC, 2024년 6월 10일.

https://www.youtube.com/watch?v=l9j8JLITe88

6 「"강남 사는 영희, T야?"… 정부, '지역별 MBTI' 구축한다」, 국민일보 2023년 12월 26일. https://www.kmib.co.kr/article/view.asp?arcid=0019007196 「인구감소지역 과반은 'INTP'…지역특성 MBTI 분석 결과 발표」, 연합뉴스, 2024년 9월 23일. https://www.yna.co.kr/view/AKR20240923067900530

7 「국책연구기관 '여성 출산 도구화' 역사…7년 전에도 "여성 '고스펙' 줄여 저출생 해결"」, 경향신문, 2024년 6월 3일. https://www.khan.co.kr/article/202406030905001

8 「'여성 조기입학'이 출산율 높일 수 있다는 국책연구기관」, 노컷뉴스, 2024년 6월 8일. https://n.news.naver.com/article/079/0003903155?sid=110

9 땅집고 웹사이트의 「당신의 아파트 MBTI, AI부동산에서 확인하기」, https://www.chosun.com/ai-realty/lifestyle

10 「「女性の人生を過小評価」地方へ「移住婚」60万円案に批判相次ぐ」, 每日新聞, 2024년 8월 31일. https://mainichi.jp/articles/20240830/k00/00m/040/339000c

11 「'남초 직장' 경찰, 남성 육아휴직 4년새 2배… "워라밸 우선" 분위기속 "업무공백" 우려도」, 동아일보, 2025년 5월 12일. https://www.donga.com/news/Society/article/all/20250512/131581703/2

12 「강남에 수십억 아파트, 지역구에는 원룸 월세… "초선들의 진심은 어디에"」, 한국일보, 2024년 9월 18일. https://www.hankookilbo.com/News/Read/A2024091215120001725
「지역구는 광주·전남, 자택은 수도권 '똘똘한 한 채'」, 남도비즈 2025년 3월 27일. https://www.namdobiz.com/news/articleView.html?idxno=66641
「서울시민 홍준표… "대구 박정희 동상 가져가라, 미안함 없나"」, 한겨레, 2025년 5월 1일. https://www.hani.co.kr/arti/politics/politics_general/1195082.html

13 「3대 도시 대구의 추억」, 영남일보, 2015년 10월 5일. https://www.yeongnam.com/web/view.php?key=20151005.010310831320001

14 「광주, 초광역 연결·아시아 문화 리더십 대표도시 성장」, 연합뉴스, 2024년 9월 12일. http://www.gjdaily.net/news/articleView.html?idxno=78694

15 「'한반도 3대 도시' 영광 되찾자…대구시 미래 발전전략 공개」, 영남일보, 2024년 4월 25일. https://www.yeongnam.com/web/view.php?key=20240424010003619

16 『친환경 생태도시 조성을 위한 용인시 난개발조사특별위원회 활동백서』, 용인시 난개발조사특별위원회, 2019. https://www.yongin.go.kr/ebook/src/viewer/main.php?host=main&site=20220430_093112_2

17 「이상일 용인시장 "수원·성남과 통합도 상상"」, 세계일보, 2024년 1월 11일. https://www.segye.com/newsView/20240110518298
「이상일 용인시장 "광역시급 공간계획 짠다"… 기반시설 확충」, 한국일보, 2024년 7월 11일. https://m.hankookilbo.com/News/Read/A2024071122100004847

18 「난개발의 역습, 용인시민 안전을 위협한다」, 용인시민신문 2022년 9월 8일. https://www.yongin21.co.kr/news/articleView.html?idxno=73682

19 「SK하이닉스, 용인 반도체 클러스터 1기 팹 본격 착공」, SK하이닉스 뉴스룸, 2025년 2월 24일. https://news.skhynix.co.kr/started-construction-of-yongin-cluste

20 「삼성 360조 투자 용인 반도체 내년 착공 추진」, 머니투데이, 2024년 8월 6일. https://news.mt.co.kr/mtview.php?no=2024080514370915055

21 「삼성전자 효과 받을까…용인 한숲시티, 10년 만에 새 아파트 출격」, 땅집고, 2025년 2월 7일. https://realty.chosun.com/site/data/html_dir/2025/02/07/2025020700689.html

22 「용인 찾은 이준석, '동탄~남사' 교통망 확충 논의」, 경기신문 2025년 6월 16일. https://www.kgnews.co.kr/mobile/article.html?no=850142

23 「"평택, 수소·미래차 키워 100만 자족도시로"」, 한국경제, 2025년 2월 18일. https://www.hankyung.com/article/2025021837081

24 「평택시, 100만 대도시 앞두고 지역경제 활성화 '올인'… 문제는? '삼성발 재정난'」, ch B tv 뉴스, 2025년 1월 23일. https://www.youtube.com/watch?v=a8SGvCBR9ss&list=PLWzCE71YCTywjobE_8mv9lA4zywdazChm

25 「떠오르는 '마천루의 저주'… GBC에서 사라진 '초고층'」, 조선비즈 2025년 3월 7일. https://biz.chosun.com/real_estate/real_estate_general/2025/03/07/WHWCSDTVXVBCZGX3XBKLIQA7KM/
「남북통일보다 어렵다…서울·부산·인천 '초고층' 얼마나 힘들기에」, 중앙선데이, 2025년 3월 17일. https://n.news.naver.com/article/353/0000050988?sid=102

26 「용산정비창, 100층 랜드마크로…개발 본격화」, 서울경제, 2024년 11월 28일. https://www.sentv.co.kr/article/view/sentv202411280079

27 「옛 대한방직 부지 개발 사업 하반기 착공⋯ 이번엔 아파트 고분양가 논란」, 한국일보, 2025년 5월 11일. https://www.hankookilbo.com/News/Read/A2025051110350004704

28 「외국인 노동자 없으면..농어촌은 힘들다」, kbc, 2024년 11월 23일. https://news.ikbc.co.kr/article/view/kbc202411230024

29 「'불법 체류자' 단속⋯농민은 인력난 호소」, KBS, 2025년 5월 13일. https://news.kbs.co.kr/news/pc/view/view.do?ncd=8252490

30 「트럼프 시위대 진압에 군 동원할지 우려 고조」, 주간조선, 2024년 11월 22일. https://weekly.chosun.com/news/articleView.html?idxno=38383

31 「"다 쫓아내겠다면서"⋯트럼프 이민규제 뒷걸음에 지지층 분노」, 연합뉴스, 2025년 9월 15일. https://www.yna.co.kr/view/AKR20250915039000009

32 「"트럼프가 수갑 채우지 말라해⋯韓근로자 배려로 출발 변경"」, 중앙일보, 2025년 9월 11일. https://www.joongang.co.kr/article/25366034

33 「이민에 기대던 '고용 황금기'가 저물고 있다」, 아시아경제, 2025년 7월 1일. https://www.asiae.co.kr/article/2025063015155845060

34 「"이슬람 음식 없나요?" 편의점 찾는 유학생」, ubc울산방송, 2025년 4월 29일. https://youtu.be/Lyau207sfxI?si=2v7tfb8eRgJww61v

35 「'이주 노동자 사망' 영암 돼지농장주 구속기소」, KBS, 2025년 5월 16일. https://news.kbs.co.kr/news/pc/view/view.do?ncd=8255588

36 「화성 화재 사망자 대부분 외국인⋯외교부 "피해지원 최선"」, 뉴시스, 2024년 6월 24일. https://n.news.naver.com/article/003/0012625746?sid=102

37 「美, 보조금으로 공장 투자 대거 유치했지만 전기가 없다?」, 연합뉴스, 2024년 3월 8일. https://www.yna.co.kr/view/AKR20240308014200071

38 "How Much of the Colorado Should We Leave Up to Elon Musk's Discretion?", The Austin Chronicle, 2023년 8월 11일. https://www.austinchronicle.com/news/2023-08-11/how-much-of-the-colorado-should-we-leave-up-to-elon-musks-discretion/
「TSMC 미국 반도체공장 '워터 리스크' 완화, 물 사용량 3천 가구 수준으로 감축」, 비즈니스포스트, 2024년 6월 13일. https://www.businesspost.co.kr/BP?command=article_view&num=355448

39 「'탈원전했는데'⋯젠슨 황 "대만에 원전 꼭 필요"」, 국민일보, 2025년 5월 26일. https://www.kmib.co.kr/article/view.asp?arcid=0028159601

40 「이재명 "원전, 사고 나면 엄청난 피해⋯소형모듈원자로 연구해야"」, SBS,

2025년 5월 23일. https://news.sbs.co.kr/news/endPage.do?news_id=N100
8112553&plink=COPYPASTE&cooper=SBSNEWSEND

41 「용인 반도체클러스터, 전력망 하세월…불 꺼진 '깡통 팹' 위기」, 서울신문, 2025년 8월 3일. https://www.seoul.co.kr/news/plan/WarEnergyHegemony/2025/08/04/20250804009001?wlog_tag3=naver.

42 「'345kV 고덕-서안성 송전선로' 건설사업 10년 만에 준공」, 전기에너지뉴스, 2023년 9월 12일. https://www.elec-inews.co.kr/news/articleView.html?idxno=9655

43 「환경단체 시위·소송까지… 난공사 중 난공사」, 조선일보, 2024년 6월 3일. https://www.chosun.com/economy/industry-company/2024/06/03/A3U4HZVDUZHOXLSNUSEVCTLPCA/

44 「동해안 화력발전소 일제 가동 중단」, G1방송, 2024년 4월 30일. http://www.g1tv.co.kr/news/?mid=1_208&newsid=306746

45 「"신정읍-신계룡 고압 송전선로 설치 전면 재검토하라"」, 서남저널, 2024년 10월 9일. https://www.snjnews.kr/news/articleView.html?idxno=7754

46 「소각장·송전탑에 주민 신음…수도권 위해 희생되는 지방」, 경향신문, 2021년 10월 19일. https://www.khan.co.kr/article/202110190600015

47 「송전탑 갈등 10년, '밀양 할매'들은 답을 기다리고 있다」, 시사인, 2024년 7월 11일. https://www.sisain.co.kr/news/articleView.html?idxno=53313

48 「동해안-신가평 송전선로 건설사업, 주민반발에 '답보상태'」, 에너지플랫폼뉴스, 2023년 9월 27일. http://www.e-platform.net/news/articleView.html?idxno=80517

49 「"신도시 계획 반대" 왜 나오나」, 동아일보, 1989년 5월 6일. https://newslibrary.naver.com/viewer/index.naver?articleId=1989050600209205001&editNo=2&printCount=1&publishDate=1989-05-06&officeId=00020&pageNo=5&printNo=20798&publishType=00020

50 「서해안 에너지 고속도로: 혁신 가능성과 과제」, 전기저널 2025년 7월 18일. http://www.keaj.kr/news/articleView.html?idxno=5941

51 「8년 동안 7000억원 이상 투여 - 남긴 건 17% 공정률 '아레나', 이마저도 허물어야」, 고양신문, 2024년 7월 6일. https://www.mygoyang.com/news/articleView.html?idxno=80126

52 「경기도, 고양 K-컬처밸리 부지 경제자유구역 지정 추진」, 연합뉴스, 2024년 7월 9일. https://www.yna.co.kr/view/AKR20240709154600061

53 「SK하이닉스, LNG발전소 완공 1년 앞두고 여전히 '진통'」, 전기신문, 2023년 6월 30일. https://www.electimes.com/news/articleView.html?idxno=322279
「'고품질 전력 특화' 신청주변전소 가보니…국내 첫 154kV·345kV 하이브리드 변전소」, 전기신문, 2024년 3월 28일. https://www.electimes.com/news/articleView.html?idxno=334657

54 「HBM 상승세 탄 SK하이닉스, 생산기지선 '물 부족' 경고등」, 중앙일보, 2024년 7월 25일. https://www.joongang.co.kr/article/25265890

55 「하이닉스, 15조원 투자 청주공장 확장」, 한겨레, 2022년 10월 11일. https://www.hani.co.kr/arti/area/chungcheong/1062201.html
「청주가 '물 부족 지역'? 하이닉스 보고서에 市 당혹」, 충청투데이, 2024년 7월 25일. https://www.cctoday.co.kr/news/articleView.html?idxno=2198769

56 「SK가 투자한 테라파워, 美 첫 소형원자로 착공…빌게이츠도 참석」, 에너지경제연구원, 2024년 6월 11일. https://www.keei.re.kr/board.es?mid=a10202010000&bid=0007&list_no=98654&act=view

57 「대구시, 군위에 국내 첫 '소형모듈원전' 추진…시민단체 "위험"」, 경향신문, 2024년 6월 17일. https://www.khan.co.kr/local/Daegu/article/202406172104035

58 「"연간 480억 70년째 댐 피해 참았는데"… 이번엔 패싱 논란」, 한국일보, 2024년 5월 7일. https://www.hankookilbo.com/News/Read/A2024050318020004608

59 「해법 안보이는 '39년 상수원 갈등' - 평택 vs 용인 안성, 새해에도 입장 팽팽」, 동아일보, 2018년 1월 9일. https://v.daum.net/v/o9dK51bKus
「'용인반도체' 어부지리 효과…45년 만에 '송탄 상수원보호구역' 해제」, 한겨레, 2024년 4월 17일. https://www.hani.co.kr/arti/area/capital/1137055.html

60 「낙동강 식수원 20년 지역갈등, 단체장 바뀌자 원점으로」, 경향신문, 2022년 8월 11일. https://m.khan.co.kr/local/local-general/article/202208112029005

61 「대구와 구미의 '낙동강 전쟁', 다시 시작되나」, 시사인, 2022년 8월 30일. https://www.sisain.co.kr/news/articleView.html?idxno=48333
「시민단체 "안동댐 물은 중금속 칵테일"…대구 취수원 안동댐 이전 철회하라」, 경향신문, 2024년 3월 7일. https://www.khan.co.kr/local/Daegu/

article/202403071452011

62 「"낙동강은 창녕군민의 젖줄"…'낙동강 특별법' 발의, 지역 주민 뿔났다」, 헬로tv뉴스, 2024년 7월 12일. https://news.lghellovision.net/news/articleView.html?idxno=474107

63 「섬진강 물 80% 타지역으로 "취수량 증대"..어민 고심 깊어져」, 서경방송, 2024년 6월 21일. https://www.youtube.com/watch?v=uiDMhVbyp7k

64 「금산군 부리면 방우리에 양수발전소 유치 성공」, 금강일보, 2024년 1월 1일. https://www.ggilbo.com/news/articleView.html?idxno=1008581

65 「"실적 할당" 장흥군 인구 늘리기 '논란'」, kbc, 2024. 10월 18일. https://www.youtube.com/watch?v=ODfc5J1zKtw

66 「영천 '인구 10만 명' 지키기…'위장전입' 논란」, 헬로tv뉴스, 2024년 4월 24일. https://news.lghellovision.net/news/articleView.html?idxno=464418

67 「인구는 4만인데 체류 인구 32만」, TBC, 2024년 7월 26일. https://www.youtube.com/watch?v=blPRe9LZjfc
「예견된 청도 단수 사태…근본 대책 시급」, TBC, 2024년 8월 6일. https://www.youtube.com/watch?v=KBI6DR2y7FA

68 「10년간 제주 인구 18% 늘었는데 쓰레기는 93% 폭증」, 제주의소리, 2021년 12월 13일. https://www.jejusori.net/news/articleView.html?idxno=336474
「제주 전체 생활폐기물 14%는 관광산업에서 발생」, 제주일보, 2022년 12월 22일. https://www.jejunews.com/news/articleView.html?idxno=2199168

69 「김제시, '2025년 드론실증도시 구축사업' 공모에 선정 돼…드론 배송 상용화 위한 실증사업 본격 착수」, 스포츠서울, 2025년 3월 9일. https://n.news.naver.com/article/468/0001130743?sid=102

70 「부암동 GTX-A 관통 '미세 소음' 어느 정도길래」, ch B tv, 2025년 3월 6일. https://www.youtube.com/watch?v=tOzFrl7XkhE

71 「바람 불면 마을 덮치는 공포스러운 굉음…송전탑 인근 주민들은 괴롭다」, 당진신문, 2021년 11월 20일. https://www.idjnews.kr/news/articleView.html?idxno=132308

72 「美 아마존 드론 배송 지역서 주민 반대 부딪혀…"소음 심각"」, 연합뉴스, 2024년 8월 19일. https://www.yna.co.kr/view/AKR20240819001400075

73 「"자율주행은 지방 소멸의 대책" 여수에 터 잡은 스타트업의 야심」, 시사저널, 2022년 12월 3일. https://www.sisajournal.com/news/articleView.html?idxno=251120

「사라지는 지방 교통망, 기술로 되살린다…'무인 자율주행 버스'」, 위클리 서울, 2025년 3월 10일. https://www.weeklyseoul.net/news/articleView. html?idxno=82471

74 「머스크 "테슬라 핸들 없앨 것"…불매 직격탄에 트럼프 새 차 뽑았다」, 한겨레, 2025년 3월 12일. https://www.hani.co.kr/arti/international/international_general/1186550.html

75 「"군인들 덕에 먹고 삽니다" 장송곡 틀던 그 임실의 반전」, 중앙일보, 2023년 12월 30일. https://www.joongang.co.kr/article/25218666

76 디시인사이드의 게시물 「이쯤에서 다시 올리는 주관적 청송답사후기」, 2023년 8월 18일. https://gall.dcinside.com/board/view/?id=dcbest&no=161556

77 「거창군, 교육·의료·행정 콤팩트 도시로 활력 찾는다」, 경남도민일보, 2025년 7월 27일. https://www.idomin.com/news/curationView.html?idxno=942596

4장

1 「"공사비 겨우 줄였는데"…현대ENG·포스코이앤씨, 대형사고에 재무악화 '후폭풍'」, 뉴스핌, 2025년 4월 16일. https://www.newspim.com/news/view/20250415000786

2 「"표면만 들여다봐선 안 된다"…부산시, GPR 한계 넘는 지반침하 전면조사 착수」, 문화일보, 2025년 4월 15일. https://www.munhwa.com/article/11499176

3 「서울 강동구 싱크홀 사고에 대한 입장」, 경실련, 2025년 3월 26일. https://ccej.or.kr/posts/zvtDbLB
「싱크홀 정밀조사 없이 덮었다..'하수관이 원인?'」, 부산MBC, 2025년 4월 16일. https://busanmbc.co.kr/01_new/new01_view.asp?idx=273881

4 「"명일동 싱크홀, '빼먹기' 부실시공 탓"」, 시사저널, 2025년 3월 28일. https://www.sisajournal-e.com/news/articleView.html?idxno=410598

5 「"씽크홀은 지하철 공사 때문…4년 전에 위험 경고했다"」, 노컷뉴스, 2025년 3월 26일. https://n.news.naver.com/article/079/0004006331?sid=102
「"'강동구 싱크홀' 서울시는 알고 있었다"…2년 전 '요주의 지역' 지정」, 서울경제, 2025년 3월 28일. https://n.news.naver.com/article/011/000446

7443?sid=102

6 「서울시 "지반침하 안전지도 공개하면 오해 낳고 불안 조성"…비공개 고수」, 뉴시스, 2025년 3월 28일. https://www.newsis.com/view/NISX20250328_0003117997

7 「반지하 참변, 물잠긴 강남…이 지도와 소름돋게 다 겹쳤다」, 중앙일보, 2022년 8월 10일. https://www.joongang.co.kr/article/25093399

8 「서부간선지하도로 민간투자사업 건설공사(1공구) 현장, 지하 80m 대심도 지하터널 ①」, 현대건설, 2021년 10월 18일. https://www.hdec.kr/kr/newsroom/news_view.aspx?NewsSeq=395&NewsType=FUTURE&NewsListType=news_clist

9 「경부고속도로 동탄JTC-기흥동탄IC 직선·지하화 구간 28일 개통」, KBS, 2024년 3월 25일. https://news.kbs.co.kr/news/pc/view/view.do?ncd=7922066

10 「경부 지하 고속도로 사업 예타 통과.. 사업 본궤도 오른다」, 파이낸셜뉴스, 2024년 8월 22일. https://www.fnnews.com/news/202408221633286519

11 「서울~화성 지하고속도로 예타 통과…2027년 착공목표로 추진」, 열린정책뉴스, 2024년 8월 23일. https://www.opengo.center/news/articleView.html?idxno=29539

12 「안 된다던 '경인고속도로 지하화' 왜, 어떻게 확정됐을까?」, ch B tv 뉴스, 2025년 2월 4일. https://www.youtube.com/watch?v=A0GUUFoMcIs&list=PLWzCE71YCTywjobE_8mv9lA4zywdazChm&index=4

13 「영월~삼척 고속도로·인천~서울 지하고속도로, 서해선~경부고속선 연결선 철도건설 사업 예타 통과」, 국토교통부 보도자료, 2025년 1월 23일.

14 「서부권 광역급행철도, 부산~양산~울산 광역철도, 구리~성남 지하고속도로 3개 철도·도로 사업 예타 통과」, 국토교통부 보도자료, 2025년 7월 10일.

15 「대전시 '조차장 입체개발 2037년까지 단계 추진'」, 굿모닝충청, 2025년 3월 21일. https://www.goodmorningcc.com/news/articleView.html?idxno=417456

16 「"경제성 치우친 예타 개선"… 난곡선 물꼬 트나?」, HCN 핫콘뉴스, 2024년 7월 10일. https://www.youtube.com/watch?v=x6hWyHWdqjs

17 「대광위, 고양은평선 광역철도 기본계획 승인… 2031년 개통 목표」, 연합뉴스, 2024년 12월 3일. https://www.yna.co.kr/view/AKR20241202128700003

18 「서울 경전철 '희망고문'에서 벗어나려면」, 연합뉴스, 2024년 11월 7일.

https://www.yna.co.kr/view/AKR20241106161300546

「건설사 대거 이탈…서부선 경전철 언제나」, 매일경제, 2025년 9월 9일. https://www.mk.co.kr/news/business/11412118

19 「민투심 의결 앞둔 서부선, 착공 '빨간불'… CI 대거 이탈 조짐」, MTN 뉴스, 2024년 12월 2일. https://news.mtn.co.kr/news-detail/2024120216191327314

20 「인천도시철도 2호선 착공」, 인천투데이, 2025년 6월 26일. https://www.incheontoday.com/news/articleView.html?idxno=304503#:~:text=%EA%B2%80%EB%8B%A8%EC%98%A4%EB%A5%98%EC%97%AD%EC%97%90%EC%84%9C%20%EC%9A%B4%EC%97%B0%EC%97%AD%2029.1km%20%EC%A4%91%EC%A0%84%EC%B2%A0%20%EA%B3%84%ED%9A%8D&text=%EC%9D%B8%EC%B2%9C%ED%88%AC%EB%8D%B0%EC%9D%B4%20=%20%EB%B0%95%EA%B8%B8%EC%83%81%20%EA%B8%B0%EC%9E%90%20%7C%2016%EB%85%84%20%EC%A0%84%20%EC%98%A4%EB%8A%98%2C%202009%EB%85%84%206%EC%9B%94%2026%EC%9D%BC%20%EC%9D%B8%EC%B2%9C%EB%8F%84%EC%8B%9C%EC%B2%A0%EB%8F%84%202%ED%98%B8%EC%84%A0

21 「면목선 경전철, 기재부 예타 통과…강북횡단선은 탈락」, 집코노미, 2024년 6월 5일. https://www.hankyung.com/article/202406056810i

22 「서울 목동선 예타 탈락…"市, 노선조정 등 대안 검토"」, 철도경제신문, 2024년 7월 12일. https://www.redaily.co.kr/news/articleView.html?idxno=8261

23 「예타 결과 앞두고 난항 겪고 있는 서울 도시철도, 무엇이 문제 길래」, 리얼캐스트, 2025년 8월 29일. https://v.daum.net/v/FRg9DHMUha?f=p

24 「당진 석문산업단지 인입철도 2027년 개통」, 연합뉴스, 2019년 1월 29일. https://www.hankyung.com/article/201901291363Y

25 「"제2서해대교, 현대건설서 민자 제안..적격성 조사 중"」, 당진신문, 2023년 9월 9일. https://www.idjnews.kr/news/articleView.html?idxno=200632

26 「당진-광명 고속道 좌초..당진-화성 카드 만지작」, 당진신문, 2024년 6월 22일. https://www.idjnews.kr/news/articleView.html?idxno=204650

27 『수도권정비기본계획(안)』, 국토개발연구원, 1979, 21면.

28 「영월~삼척 고속도로·인천~서울 지하고속도로, 서해선~경부고속선 연결

선 철도건설 사업 예타 통과」, 국토교통부 보도자료, 2025년 1월 23일.
29 『철도건설사』(철도건설국, 1969) 386면.
30 「군산 등 전북·남 5개 시군 "서해안 철도 구축해 호남권 서해안 발전 앞당겨야"」, 투데이군산, 2024년 11월 22일. https://www.todaygunsan.co.kr/news/articleView.html?idxno=18092
31 「진주~삼천포 '우주항공선' 사천시, 철도망 구축에 사활」, 서경방송NEWS, 2024년 5월 28일. https://youtu.be/bRWhM2OOoso?si=toWDUjuKVo_RFsWN
32 「대전 교통혁신의 역사적 순간, 대전 도시철도 2호선 트램 건설공사 착공식」, 대전광역시 공식 블로그, 2024년 12월 11일. https://blog.naver.com/storydaejeon/223690042001
33 「3칸짜리 굴절버스, 이르면 12월 대전서 첫선」, 조선일보, 2025년 1월 17일. https://www.chosun.com/national/regional/2025/01/17/ZYYQZLHKJ5C4PPZSODZKK6J2CA/
34 「대전 신규 도시철도망 조성 본격화… 3·4·5호선 구축계획 신청 분주」, 대전일보, 2025년 7월 21일. https://www.daejonilbo.com/news/articleView.html?idxno=2216341
35 「"트램 오륙도선 무산"…부산시, 여권 주도 '부산항선' 선회」, 노컷뉴스, 2025년 4월 10일. https://n.news.naver.com/mnews/article/079/0004012080?sid=102
36 「대전 트램, 안정적 수소 공급 '첫 단추' 채웠다」, 에너지신문, 2024년 6월 14일. https://www.energy-news.co.kr/news/articleView.html?idxno=203505
37 「기술상 문제 없다지만… 대전 수소트램 '산 넘어 산'」, 대전일보, 2023년 11월 14일. https://www.daejonilbo.com/news/articleView.html?idxno=2096835
38 「트램 포퓰리즘…"세금만 축낸 경전철 따라가나"」, 동아일보, 2024년 3월 5일. https://news.nate.com/view/20240305n00586
39 「청주공항 민간활주로 후보지 확정…1조 5천억 원 확보 '관건'」, 충북CBS, 2025년 2월 28일. https://www.nocutnews.co.kr/news/6301361
40 「"대구 군공항 이전, 기부대양여로 불가능"…대구시·국힘 지도부·전문가 한목소리」, 시사저널, 2025년 9월 19일. https://www.sisajournal.com/news/articleView.html?idxno=347107

41 「대구 軍공항 기부대양여 공식화…洪시장-국방부 합의각서 체결」, 매일신문, 2023년 11월 20일. https://www.imaeil.com/page/view/2023112017131550155

42 「기부대양여 사업, 지자체 한계 봉착했으니 국가가 지원해야」, 엔지니어링데일리, 2025년 4월 1일. https://www.engdaily.com/news/articleView.html?idxno=19307

43 「서산공항 건설 2028년 충남에도 하늘길이 열린다」, 충남일보, 2024년 6월 20일. https://www.chungnamilbo.co.kr/news/articleView.html?idxno=776635

44 「정부, 새만금 신공항 취소 판결에 항소…"국가균형발전 위한 것"」, 경향신문, 2025년 9월 22일. https://www.khan.co.kr/article/202509221611001

45 「제2공항은 군사공항?…군 작전구역 포함」, KBS제주, 2018년 12월 4일. https://news.kbs.co.kr/news/pc/view/view.do?ncd=4087971

46 「이유 있는 광주공항 국제선 운항 요구」, 남도일보, 2025년 2월 23일. https://www.namdonews.com/news/articleView.html?idxno=810315

47 「'광주 40년 숙원' 제1전비 탄약고 이전 공사 재개될 듯」, 뉴시스, 2025년 3월 30일. https://n.news.naver.com/article/003/0013151037?sid=102

48 「'교통 오지' 인천항 크루즈터미널 승객 느는데 불편 어쩌나」, 인투TV, 2025년 4월 29일. https://youtu.be/cfRzS8cTiwU?si=14YY86JLfPu1QRjl

49 「"크루즈 타고 왔는데, 한국 야시장 가보고 싶어요"」, MBN, 2025년 9월 10일. https://www.youtube.com/watch?v=SsjjbuuGwsI

50 「걸음마도 못 뗀 새만금 크루즈 산업…여수·부산 넘어설 비전 있나」, 전북일보, 2025년 3월 25일. https://www.jjan.kr/article/20250325580268

51 「새만금 스마트 수변도시 첫분양 … 단독주택 용지 3.3m^2당 200만원」, 매일경제, 2025년 9월 15일. https://www.mk.co.kr/news/realestate/11420036

5장

1 「정유경 강남 신세계 승부수?..'10조 복합개발' 속도내나」, 머니투데이, 2025년 1월 17일. https://www.mt.co.kr/living/2025/01/17/2025011713562133214#:~:text=%EC%A7%80%EB%82%9C%ED%95%B4%20%EB%A7%90%20%EC%A0%95%EC%9A%A9%EC%A7%84%20

%ED%9A%8C%EC%9E%A5%EC%9D%98%20
%EC%9D%B4%EB%A7%88%ED%8A%B8%20
%EB%B6%80%EB%AC%B8%EA%B3%BC%20%EA%B3%84
%EC%97%B4,%EB%8C%80%EA%B7%9C%EB%AA%A8%20
%EB%85%B9%EC%A7%80%EB%A5%BC%20%EC%A1%B-
0%EC%84%B1%ED%95%98%EB%8A%94%20%ED%94%84%EB%A1
%9C%EC%A0%9D%ED%8A%B8%EB%A1%9C%20%EC%B4%9D%20
%EA%B0%9C%EB%B0%9C%EB%B9%84%EA%B0%80%20
10%EC%A1%B0%EC%9B%90%EC%97%90

2 「현대차 GBC, 105층 1개 동에서 54층 3개 동으로 계획 변경」, 조선일보, 2025년 2월 21일. https://www.chosun.com/national/national_general/2025/02/21/IYUMUOMZM5FCFMALNN5X6OXZZ4/

3 「GTX-A '삼성역' 내년 6월 무정차 통과⋯2028년까지 못 서는 이유」, 땅집고, 2025년 3월 26일. https://realty.chosun.com/site/data/html_dir/2025/03/26/2025032602498.html

4 「2023년 완공 목표 GTX-A, 8월 공정률 고작 4.8%」, 조선비즈, 2020년 10월 8일. https://biz.chosun.com/site/data/html_dir/2020/10/07/2020100702390.html

5 「현대건설, 압구정2구역 재건축 따내며 정비사업 수주 1위 등극」, 아시아경제, 2025년 9월 28일. https://www.asiae.co.kr/article/2025092815232729052

6 「요양원 숲이 된 학원가⋯28년 된 서점은 문을 닫는다」, 동아일보, 2025년 6월 14일. https://www.donga.com/news/Economy/article/all/20250613/131798735/1

7 「'4기 신도시' 공언했던 이재명⋯공약집에서는 빠졌다, 왜?」, 매일경제, 2025년 5월 28일. https://www.mk.co.kr/news/realestate/11329129

8 「2030년까지 수도권 135만호 공급⋯LH 직접 시행」, 연합뉴스, 2025년 9월 7일. https://www.yna.co.kr/view/MYH20250907013100038

9 「'2기 신도시인데 20년째 잡초만 무성해요'⋯용도변경, 공급난 카드 되나」, 파이낸셜뉴스, 2025년 6월 11일. https://www.fnnews.com/news/202506110649518902

10 「3기 신도시 '先교통 後입주' 사실상 어렵다」, 조선일보 2025년 8월 7일. https://www.chosun.com/economy/real_estate/2025/08/07/2XPEIHB

C3JHVBJE2457SPLNYUM/?utm_source=naver&utm_medium=referral&utm_campaign=naver-news

11 「'동서울 변전소' 하남시 불허 결정에…한전 "행정소송 검토"」, 경향신문, 2024년 8월 23일. https://www.khan.co.kr/article/202408231428001

12 「"K-스타월드, 신도시 전력 공급 어쩌나"…하남시, 동서울변전소 불허 파장 확산」, 경기일보, 2024년 8월 22일. https://www.kyeonggi.com/article/20240822580300

13 안건혁, 『분당에서 세종까지』, 한울, 2020, 80면.

14 「'자족 신도시 위해' 의왕·군포·안산도시공사 협약」, ch B tv abc, 2023년 10월 19일. https://www.youtube.com/watch?v=fZ8EG7iljhg

15 「16년째 첫 삽도 못 뜬 위례신사선, 더 미뤄진다…GS건설 사업권 포기」, 조선일보, 2024녀 6월 11일. https://www.chosun.com/economy/real_estate/2024/06/11/DGKDSQQBGBG2JAFXD5VZ3D2GJ4/

16 「위례신사선, 8년 전 악몽 재현 가능성↑」, 대한경제, 2024년 5월 20일. https://m.dnews.co.kr/m_home/view.jsp?idxno=202405170741003990204

17 「과천위례선 주암역 위치 논란… 교통난 해소 역부족」, 경기일보, 2025년 1월 14일. https://www.kyeonggi.com/article/20250114580206

18 「"희생지역 패싱?"…서초로 꺾인 위례과천선에 과천 '부글'」, 노컷뉴스, 2025년 3월 8일. https://www.nocutnews.co.kr/news/6304620

19 「위례과천선? 위례는 싹 빠졌다…과천~강남 직결 노선 확정」, 땅집고, 2025년 3월 7일. https://realty.chosun.com/site/data/html_dir/2025/03/06/2025030602544.html

20 「11만의 신도시 '위례' 상가엔 공실이 잔뜩? 망한 이유 알려드림」, 부릿지, 2023년 3월 2일. https://www.youtube.com/watch?v=PyPD1-QVRWo

21 「하남 위례 시민모임, "서울편입 의지 강한 후보 지지"…추미애·이용 후보 초청토론회」, 경기일보 2024년 4월 2일. https://www.kyeonggi.com/article/20240402580177

22 「"수원발 KTX가 내년 개통?…치적쌓기에만 급급한 지자체"」, 철도경제신문, 2024년 9월 3일. https://www.youtube.com/watch?v=b5MO7pNg1h4

23 「인천발 KTX 공사, 멀었다」, 철도경제신문, 2024년 9월 10일. https://www.youtube.com/watch?v=_6WXDiWUJFQ

24 「인천발 KTX 내년말 개통…인천공항 연장 추진」, SBS, 2025년 9월 15일. https://news.sbs.co.kr/news/endPage.do?news_id=N1008257270&plink=

ORI&cooper=RSS&plink=COPYPASTE&cooper=SBSNEWSEND

25. 「7호선 청라연장선 개통 2027년→2029년 연기될 듯…지반침하 발생」, 땅집고, 2024년 5월 28일. https://realty.chosun.com/site/data/html_dir/2024/05/28/2024052800412.html

26. 「지반 폭 꺼진 마두역 건물은 부실공사… "서서히 가라앉고 있다"」, 조선일보, 2022년 2월 16일. https://www.chosun.com/national/regional/2022/02/16/MBYOSIDSOJEADKRCBTTECJ36PE/

27. 「마두역 '그랜드프라자' 3년 만에 철거되나… 지역 주민 "너무 늦었다"」, 시민신문, 2025년 1월 8일. http://www.citizennews.co.kr/news_view.jsp?ncd=57134#:~:text=%EC%A1%B0%EC%82%AC%20%EA%B2%B0%EA%B3%BC%2C%20%EA%B1%B4%EB%AC%BC%EC%9D%80%201995%EB%85%84%20%EC%8B%9C%EA%B3%B5%20%EB%8B%B9%EC%8B%9C%20%EC%A7%80%EB%B0%98,%EC%9D%B4%EB%A3%A8%EC%96%B4%EC%A1%8C%EC%9C%BC%EB%A9%B0%2C%20%EC%A7%80%ED%95%98%EC%88%98%EA%B0%80%20%EC%8A%A4%EB%A9%B0%EB%-93%A4%EB%A9%B4%EC%84%9C%20%EC%B9%A8%ED%95%9%98%EA%B0%80%20%EC%A7%84%ED%96%89%EB%90%9C%20%EA%B2%83%EC%9C%BC%EB%A1%9C%20%EB%82%98%ED%83%80%EB%82%AC%EB%8B%A4.

28. 「같은 시골인데…당진은 원룸까지 꽉차, 반월공단은 '텅' 무슨 차이?」, 매일경제, 2023년 8월 24일. https://www.mk.co.kr/news/economy/10814761

29. 「'미분양 무덤' 위에 신도시…평택에 가봤습니다」, 한국경제, 2023년 6월 19일. https://www.youtube.com/watch?v=VUz1TPu4ogU

30. 「트럼프는 왜 평택 상공 헬기에서 소유욕을 불태웠나」, 조선일보, 2023년 11월 21일. https://www.chosun.com/opinion/column/2022/08/05/DBOPD2HR3REQPPYJVZVHIIJ4KE/

31. 「尹, 평택 삼성반도체서 바이든 만나…"美 소부장기업 韓 투자 해달라"」, 전자신문, 2022년 5월 20일. https://www.etnews.com/20220520000248

32. 「'속도 조절' 한다는 삼성전자 반도체 공장, 평택 부동산은 '초토화' – "삼성이 기침하면 우리는 감기 걸려"」, 연합뉴스, 2024년 6월 5일. https://www.youtube.com/watch?v=qu_hgFyGvHM

「두산테스나, 평택 신공장 건설 전면 '보류'…삼성電 부진 여파」, ZDNET,

2025년 2월 16일. https://zdnet.co.kr/view/?no=20250214144713
33 「노후 자금 10억 털어 지식산업센터 투자, 3년 후 벌어진 일」, 조선일보, 2025년 8월 7일. https://www.chosun.com/economy/startup_story/2025/08/07/Z3QCWTJBBVB5BIVNBPLZWOFTNQ/
34 「빚에 허덕이며 대출이자만 내다 결국 압류…지식산업센터 투자 광풍의 결말」, 땅집고, 2023년 8월 14일. https://www.youtube.com/watch?v=LelDIh4kfuc

6장

1 박해남, 『1988 서울, 극장도시의 탄생』, 휴머니스트, 2025, 서문.
2 「'잼버리 악몽' 넘어야 올림픽 보인다」, 매일경제, 2025년 3월 3일. https://www.mk.co.kr/news/journalist/11254346
3 「수도권 언론의 가덕도신공항 때리기」, 국제신문, 2024년 7월 1일. https://www.kookje.co.kr/news2011/asp/newsbody.asp?code=1700&key=20240702.22023000405
4 「산은, 새 성장축 발전에 동참하길」, 국제신문, 2023년 5월 17일. https://www.kookje.co.kr/news2011/asp/newsbody.asp?code=1700&key=20230518.22018005787
5 「부산 말고 다른 곳? 산업은행 '제3 지역 이전론' 나오는 까닭」, 비즈한국, 2025년 3월 10일. https://www.bizhankook.com/bk/article/29207
「부산 숙원 산업은행 이전 사실상 불가?」, 부산MBC, 2025년 5월 16일. https://busanmbc.co.kr/01_new/new01_view.asp?idx=274759
6 「가덕도신공항, 결국 재입찰할 듯… 현대건설 "108개월 필요" 설명서 제출」, 서울경제, 2025년 5월 8일. https://www.sedaily.com/NewsView/2GSPVG331M
7 「'가덕도' 해결 실마리 찾나…국토부, 연일 '소통행보'」, 대한경제, 2024년 7월 9일. https://m.dnews.co.kr/m_home/view.jsp?idxno=202407091329342100689
8 「김해공항과 도심 잇는 공항리무진, 7월 31일부터 운행 재개 2029번 대체 노선 폐선… 사전예매 필수」, 부산광역시, 2025년 7월 27일. https://www.busan.go.kr/kids/user/article/view.busan?articleIdx=766&menuCd=DO

M_000001701008000000&pageIndex=1#:~:text=%EC%98%A4%EB
%8A%94%207%EC%9B%94%2031%EC%9D%BC,%EB%B2%88%20
%EB%85%B8%EC%84%A0%EC%9D%80%20%ED%8F%90%EC%84
%A0%EB%90%A9%EB%8B%88%EB%8B%A4.

「폐업한 부산 해운대~김해공항 리무진 대체 2029번 급행시내버스 운행…사업자 나올 때까지만」, 문화일보, 2024년 7월 17일. https://www.munhwa.com/news/view.html?no=2024071701039927093003

9 「부산·대구경북 또 티격태격?…대구경북신공항특별법 논란」, 한겨레, 2023년 2월 2일. https://www.hani.co.kr/arti/area/yeongnam/1077935.html

10 「부전-마산 복선전철'지반상태'최초 확인」, 부산MBC, 2024년 9월 19일. https://busanmbc.co.kr/01_new/new01_view.asp?mn_lnk=C&idx=267602

11 「부전~마산 복선전철 부분 개통…1조원대 '추가공사비 소송' 임박」, 대한경제, 2025년 3월 14일. https://www.dnews.co.kr/uhtml/view.jsp?idxno=202503131620443490071

12 「참가자격 완화에도…하단~녹산선 두 번째 무응찰」, 국제신문, 2025년 9월 2일. https://www.kookje.co.kr/news2011/asp/newsbody.asp?code=0300&key=20250903.22001000840

13 「김해 신주거타운 신문1지구 개발 본격화…장유권역 일대 부동산 재조명」, 한국금융신문, 2023년 4월 29일. https://www.fntimes.com/html/view.php?ud=2023042817340786295e6e69892f_18

14 「통합 후 인구감소·노쇠화 겪는 마산 구도심 살리기 팔걷는다」, 국제신문, 2023년 8월 29일. https://www.kookje.co.kr/news2011/asp/newsbody.asp?code=0300&key=20230829.99099009109

「롯데백화점 마산점 폐업 한 달, 어시장 상권은?」, KBS, 2024년 8월 11일. https://www.youtube.com/watch?v=O_-F8U8mQBU

15 「100만 위기 창원시, 새로운 인구 종합대책 마련 나선다」, 창원시 보도자료, 2024년 1월 15일. https://www.changwon.go.kr/cwportal/10310/10429/10342.web?gcode=1011&idx=790641&amode=view&cpage=28

창원시 데이터포털. https://bigdata.changwon.go.kr/portal/statUse/stat/useCwStatPerCw.do

16 「'아파트 너무 비싸' 창원 젊은층 유출 심각」, 경남도민일보, 2017년 12월

21일. https://www.idomin.com/news/articleView.html?idxno=555292
17 「북면신도시 10년…정주여건 개선 시급」, LG헬로비전, 2024년 2월 14일. https://news.lghellovision.net/news/articleView.html?idxno=455649
18 정호진 외, 『인구구조 변화에 따른 창원의 경제적 대응 방안』, 창원시정연구소, 2021, 117~118면.
19 「비수도권 유일 특례시 '창원'…무너진 인구 100만」, 헬로tv뉴스, 2025년 1월 30일. https://news.lghellovision.net/news/articleView.html?idxno=495098
20 국가데이터처 동남지방통계청 게시 자료 '2025년 1분기 동남권 인구이동통계', 2025년 5월 8일. https://www.kostat.go.kr/board.es?mid=a603010101 00&bid=11802&list_no=436452&act=view&mainXml=Y
21 「동해선 개통 3년차… 순유출 줄고 생활인구 유입효과」, 울산제일일보, 2024년 5월 7일. http://www.ujeil.com/news/articleView.html?idxno=347151
22 「동해선 개통 1년 "부산으로 인구 유출 심화"」, 울산MBC, 2022년 12월 15일. https://www.youtube.com/watch?v=NFKhYXyo2rw
23 「사통팔달 광역 교통망 누리는 아파트, 주거 가치도 '쑥쑥'」, 집코노미, 2019년 11월 25일. https://www.hankyung.com/article/201911251437a
24 「국산 총기의 산실, 부산조병창을 아시나요」, 부산일보, 2022년 7월 17일. https://mobile.busan.com/view/busan/view.php?code=2022060817523215471#google_vignette
25 「7000억 철강회사 내쫓고 아파트만 남은 부산 "'노인과 바다' 될 만해"」, 땅집고, 2024년 7월 5일. https://realty.chosun.com/site/data/html_dir/2024/07/05/2024070501572.html
26 「해운대 풍산공장, 기장 이전 '험로'…주민 수용성 과제」, 연합뉴스, 2025년 6월 29일. https://www.yna.co.kr/view/AKR20250627097100051?input=1195m
27 「"혐오시설 집합지냐? 대룡마을 통째로 옮겨달라"…풍산 이전에 뿔난 주민들」, 중앙일보, 2025년 7월 8일. https://www.joongang.co.kr/article/25349881
28 「원자력 발전소, 정말 안전하다면 서울에 짓자!」, 환경운동연합, 2012년 11월 30일. https://kfem.or.kr/energy/?bmode=view&idx=17906496
29 「우주항공청 시너지 효과 현실로 나타나」, 사천신문, 2024년 7월 25일. http://www.4000news.com/gisa/view.html?number=31&hosu=1542ho&PHPSESSID=c4f9d3b787442389c9ef102297b96c36

30 「진주↔사천 출퇴근 2만 명 육박」, 서경방송, 2024년 7월 25일. https://www.
youtube.com/watch?v=bVUqquJAWfE
「집은 진주, 직장은 사천 사천시 '고심'」, 서경방송NEWS, 2024년 7월 29일.
https://www.youtube.com/watch?v=z2sFQ82Z-wM&t=11s
31 「진주·사천 행정통합 '급발진'…"갈등 불씨"」, KBS창원, 2024년 5월 23일.
https://news.kbs.co.kr/news/pc/view/view.do?ncd=7969974
32 「철도 문제 토의」, 동아일보, 1927년 3월 30일. https://newslibrary.naver.
com/viewer/index.naver?articleId=1927033000209204005&editNo=1&pr
intCount=1&publishDate=1927-03-30&officeId=00020&pageNo=4&pri
ntNo=2360&publishType=00020
「김삼철도 실현」, 동아일보, 1939년 12월 11일. https://newslibrary.naver.
com/viewer/index.naver?articleId=1939121100209204003&editNo=2&pr
intCount=1&publishDate=1939-12-11&officeId=00020&pageNo=4&pri
ntNo=6577&publishType=00020
「남해안을 실지 답사 - 내지와 조선 간 새 연락항 개척」, 조선일보, 1940년
7월 31일. https://newslibrary.naver.com/viewer/index.naver?articleId=194
0073100239102002&editNo=1&printCount=1&publishDate=1940-07-
31&officeId=00023&pageNo=2&printNo=6912&publishType=00010
33 「"공업 코리어"의 고동 4 제철공업」, 경향신문, 1967년 1월 25일. https://
newslibrary.naver.com/viewer/index.naver?articleId=19670125003292040
09&editNo=2&printCount=1&publishDate=1967-01-25&officeId=0003
2&pageNo=4&printNo=6548&publishType=00020
34 「지방 쇄신 - 진주」, 조선일보, 1928년 10월 30일. https://newslibrary.
naver.com/viewer/index.naver?articleId=1928103000239203009&editNo
=1&printCount=1&publishDate=1928-10-30&officeId=00023&pageNo
=3&printNo=2799&publishType=00020
35 「'삼천포는 항구다'…군사 항에서 해운 항으로 '우뚝'」, 뉴스사천, 2023년 7월
28일. https://www.news4000.com/news/articleView.html?idxno=44264
「삼천포신항 활성화 방안 찾는다, 하지만…」, 뉴스사천, 2015년 3월 18일.
https://www.news4000.com/news/articleView.html?idxno=19657
36 「트럼프 장남, 30일 거제·울산 조선소 방문한다」, SBS, 2025년 4월 24일.
https://news.sbs.co.kr/news/endPage.do?news_id=N1008076569
37 양승훈, 『중공업 가족의 유토피아』, 오월의봄, 2019.

38 「한화그룹은 윤석열 정부의 총아였을까, 아닐까」, 인베스트조선, 2025년 5월 7일. https://www.investchosun.com/site/data/html_dir/2025/05/02/2025050280175.html

39 「한화에어로스페이스, 사상 최대 실적 … 매출 11.2조원, 영업이익 1.7조원」, 한화에어로스페이스, 2025년 2월 10일. https://www.hanwhaaerospace.com/kor/media/newsroom/view.do?seq=477

40 「평택으로 떠났던 조선 숙련공, 다시 거제·울산으로」, 서울경제, 2023년 6월 12일. https://www.sedaily.com/NewsView/29QTS1BMLI

41 「외화내빈 조선도시 거제… 내국인 돌아와야」, 국제신문, 2025년 7월 9일. https://www.kookje.co.kr/news2011/asp/newsbody.asp?code=1700&key=20250710.22018002436

42 「거제시장, 한화오션·삼성중공업에 "천억 내라" 요구 논란」, KBS, 2025년 4월 24일. https://n.news.naver.com/article/056/0011938869?lfrom=twitte

43 「여수·순천·광양에 기업들 몰려온다…공장 용지난 겪어」, 헤럴드경제, 2023년 12월 18일. https://n.news.naver.com/article/016/0002240445?sid=101

44 「하동 갈사만산단 또 다시 '표류'…본 계약 무산」, KBS, 2025년 6월 10일. https://news.kbs.co.kr/news/pc/view/view.do?ncd=8274971

45 「市, 단절된 도시이미지 탈피해야」, 광양경제, 2012년 11월 7일. http://www.genews.co.kr/news/articleView.html?idxno=411478

46 「광양 신축 아파트 부실시공 논란…하자 무더기 발견」, 헬로tv뉴스, 2024년 7월 11일. https://www.youtube.com/watch?v=jAR_P5QxaCY&t=0s

47 「이마트 트레이더스 웅천점을 허가하지 않으실건가요?」, 여수시 시민의창, 2017년 1월 6일. https://www.yeosu.go.kr/citizen/suggestion/oldhope?mode=view&idx=478371

48 「코스트코 순천점, 입점 끝내 '무산'」, CBS, 2016년 1월 12일. https://www.nocutnews.co.kr/news/4531724

49 「여수 웅천 이마트 트레이더스 건축허가 불허…이마트 대응 주목」, 뉴스탑전남, 2017년 5월 17일. https://www.dbltv.com/news/articleView.html?idxno=13393&replyAll=&reply_sc_order_by=C

50 「순천 선월지구 코스트코 입점 가시화」, 여수MBC, 2025년 7월 22일. https://www.youtube.com/watch?v=TIUmK3XSpaI

7장

1 「황금알을 낳는 반도체 클러스터, 대전의 미래 달려있다」, 충청투데이, 2019년 2월 13일. https://www.cctoday.co.kr/news/articleView.html?idxno=1190501#:~:text=%ED%95%84%EC%9E%90%EB%8A%94%20%EC%9A%B0%EB%A6%AC%20%EB%8C%80%EC%A0%84%EC%9D%B4%EC%95%BC%EB%A7%90%EB%A1%9C%20%EB%B0%98%EB%8F%84%EC%B2%B4%20%ED%81%B4%EB%9F%AC%EC%8A%A4%ED%84%B0%EB%A5%BC%20%EA%B5%AC%EC%B6%95%ED%95%98%EA%B3%A0%2C%20%EC%9C%A1%EC%84%B1%ED%95%98%EB%8A%94-EB%8D%B0%20%EC%B5%9C%EC%A0%81%EC%9D%98%20%EC%9E%85%EC%A7%80%EC%99%80%20%EA%B2%BD%EC%9F%81%EB%A0%A5%EC%9D%84%20%EA%B0%96%EC%B6%94%EA%B3%A0%20%EC%9E%88%20-EB%8B%A4%EA%B3%A0%20%EC%83%9D%EA%B0%81%ED%95%9C%EB%8B%A4.

2 「"청주와 LG는 전생에 무슨 관계였을까"」, 충북인뉴스, 2004년 12월 24일. https://www.cbinews.co.kr/news/articleView.html?idxno=12833

3 「부동산 침체에도 아파트 거래는 '쭉쭉'」, 충청타임즈, 2025년 8월 19일. https://www.cctimes.kr/news/articleView.html?idxno=861355

4 「"외지 출퇴근만 3만 3천 명"..음성 미분양 관리지역 해제」, MBC충북, 2025년 2월 6일. https://www.youtube.com/watch?v=-ZLKlZ7Gr_Y

5 「오송 제3생명과학 국가산업단지 지정」, 국토교통부, 2025년 8월 27일.

6 「오송3산단 가로막는 농림부 업무 실무자 단 1명… '황당'」, 충청투데이, 2023년 2월 3일. https://www.cctoday.co.kr/news/articleView.html?idxno=2173092#:~:text=%5B%EC%B6%A9%EC%B2%AD%ED%88%AC%EB%8D%B0%EC%9D%B4%20%EC%9D%B4%EB%AF%BC%EA%B7%BC%EA%B8%B0%EC%9E%90%5D%20%EC%B6%A9%EB%B6%81%EC%9D%B4%20%EC%98%A4%EC%9D%98%EC%95%BD%20%EB%93%B1%EC%98%A4%EB%A0%9C%EC%9D%84%20%ED%95%98%ED%99%94%ED%95%98%EA%B2%A0%EB%8B%A4%EB

%A9%B0%20%EC%98%A4%EC%86%A1%20%EC%A0%9C3%EC%83%9D%EB%AA%85%EA%B3%BC%ED%95%99%20%EA%B5%AD%EA%B0%80%EC%82%B0%EC%97%85%EB%8B%A8%EC%A7%80%20%EC%A1%B0%EC%84%B1%EC%9D%84%20%EC%B6%94%EC%A7%84%ED%95%98%EB%8A%94%20%EA%B0%80%EC%9A%B4%EB%8D%B0%20%EB%86%8D%EB%A-6%BC%EC%B6%95%EC%82%B0%EC%8B%9D%ED%92%88%EB%B6%80(%EC%9D%B4%ED%95%98

7   「세종충남대병원 개원 4년 만에 최대 위기…지자체·정부에 'SOS'」, 한국일보, 2024년 8월 5일. https://www.hankookilbo.com/News/Read/A2024080516170000453

8   「세종시 백화점 부지 개발 유통업계 의견 바탕삼아 新 청사진 제작」, 충청투데이, 2024년 5월 20일. https://www.cctoday.co.kr/news/articleView.html?idxno=2195775

9   블로거 '벌매'의 블로그 포스팅 2건. https://m.blog.naver.com/PostView.naver?blogId=juvefc&logNo=222860548333&proxyReferer=https:%2F%2Fm.search.naver.com%2Fsearch.naver%3Fsm%3Dmtb_hty.top%26where%3Dm%26oquery%3D%2522%25EB%258F%2584%25EC%258B%259C%25EC%2595%25BC%25EC%2582%25AC%2522%2B%25EC%2584%25B8%25EC%25A2%2585%2B%25EB%25B6%2580%25EB%258F%2599%25EC%2582%25B0%26tqi%3DhwJUpwqVWU4ssSZMZk8ssssstpC-504680%26query%3D%25EA%25B9%2580%25EC%258B%259C%25EB%258D%2595%2B%25EC%2584%25B8%25EC%25A2%2585%2B%25EB%25B6%2580%25EB%258F%2599%25EC%2582%25B0%2B%25EA%25B3%25B5%25EC%25A3%25BC%26nso%3Dso%253Add https://m.blog.naver.com/juvefc/222914283407?isFromSearchAddView=true

10 「구미시는 왜 반도체 클러스터 유치에 실패했나」, 시사인, 2019년 3월 26일. https://www.sisain.co.kr/news/articleView.html?idxno=34177

11 「'사업 철회 검토' 초강수…에코프로 오창R&D 센터 8월중 가닥」, HCN충북방송, 2024년 8월 1일. https://www.youtube.com/watch?v=8bhbdzXGWQ0

12 「수원특례시 경기통합국제공항 건설사업」, 수원특례시. https://www.suwon.

go.kr/web/airforce/m/index.do

13 「"강남 쪽은 청주공항 이용" 송영길 김포공항 이전 공약에 이준석 "말이 안돼"」, 경향신문, 2022년 5월 27일. https://www.khan.co.kr/politics/election/article/202205271910001

14 「청주 에어로폴리스 미분양 우려…기업 유치 안간힘」, HCN충북방송, 2025년 2월 13일. https://www.hcnnews.co.kr/news/articleView.html?idxno=27974

15 「청주-문의-신탄진 광역철도, 실현 가능할까?」, 디트뉴스24, 2024년 6월 1일. https://www.dtnews24.com/news/articleView.html?idxno=772706

16 「[대전~세종~충북광역철도 CTX 도입 결정] 자치단체 부담분 줄이기로 했지만 문제는 민간투자」, 금강일보, 2024년 7월 14일. https://www.ggilbo.com/news/articleView.html?idxno=1039156

17 「'청주 도심 통과' 광역철도 민자로 전환」, MBC충북, 2024년 1월 25일. https://www.youtube.com/watch?v=omCy9dbtg1w

18 「세종 '대중교통 중심도시' 성공하려면…"버스 만능주의 벗어야"」, 한국일보, 2023년 6월 14일. https://www.hankookilbo.com/News/Read/A2023050815370003638

19 「'대책을 세워야지..' 대전 트램 대책은」, 대전MBC, 2024년 7월 5일. https://tjmbc.co.kr/article/xFPV2ehztd

20 「잇단 민원·관련 공무원 자살…대전 BRT 공사 '진통'」, 연합뉴스, 2016년 4월 5일. https://www.yna.co.kr/view/AKR20160405099700063

21 「세종안성 고속도로 붕괴사고 조사결과 브리핑」, 대한민국 정책브리핑, 2025년 8월 19일. https://www.korea.kr/briefing/policyBriefingView.do?newsId=156703652#:~:text=%EC%9D%B4%EB%A1%9C%EB%B6%80%ED%84%B0%20%EC%9C%84%EC%9B%90%ED%9A%8C%EB%8A%94%EB%8B%A4%EC%9D%8C,%ED%95%98%EC%98%80%E-A%B3%A0%20%EC%A0%84%EB%8F%84%EC%97%90%20%EC%9D%B4%EB%A5%B4%EA%B2%8C%20%EB%90%98%EC%97%88%EC%8A%B5%EB%8B%88%EB%8B%A4.

22 「서울세종고속도로 교량 붕괴, 경찰·노동부 "예견된 인재"…시공 관계자 5명 구속영장」, 인천일보, 2025년 9월 8일. https://www.incheonilbo.com/news/articleView.html?idxno=1302317

23 「세종포천고속道, 세종-안성구간 계획대로 완공 가능하다」, 세종포스트, 2025년 4월 18일. https://www.sjpost.co.kr/news/articleView.html?idxno=71745

8장

1 「TK신공항 민간기업 사업계획서 공모 '3개월 연장'」, 조선일보, 2024년 6월 20일. https://www.chosun.com/national/regional/2024/06/20/X2NZACH3B5BZDHJJNQHBXQROTU/
2 「"큰 이익 보장"…1년 만에 돌연 적자 7조 원?」, KBS대구, 2024년 9월 24일. https://www.youtube.com/watch?v=PwY5bzvAe0k
3 「"대구경북공항 SPC 선정 난항…정부가 나서야할 때"」, 대경일보, 2024년 9월 18일. https://www.dkilbo.com/news/articleView.html?idxno=461371
4 「군부대 이전 사업기간 연장…"재원 조달에 발목"」, TBC, 2025년 9월 14일. https://v.daum.net/v/20250914210002479
5 「'재원 마련 난항'… TK신공항 2030년 개항 사실상 무산」, TBC, 2025년 9월 5일. https://v.daum.net/v/20250905210802682
6 「신공항 시대 여는 구미, 교통망 혁신으로 산업·물류 지형도 바꾼다」, 영남경제신문, 2025년 8월 20일. https://www.ynenews.kr/news/articleView.html?idxno=67937
7 「서대구역~국가산단 잇는 '대구산업선', 예타 면제 6년만에 6월 말 첫 삽 뜬다」, 대구일보, 2025년 5월 20일. https://www.idaegu.com/news/articleView.html?idxno=637956
8 「"칠곡 약목서 전철타고 대구 가고 싶다" - '대경선 추가 정차' 요구 본격화하나」, 영남일보, 2024년 12월 23일. https://www.yeongnam.com/web/view.php?key=20241223010003809
9 「3개월여 만에 없던 일 된 대구·경북 행정 통합…어디서부터, 왜 꼬였나?」, 대구MBC, 2024년 8월 30일. https://dgmbc.com/article/7EzS7BAVpTHkMZZdZKEK
10 「대구염색산단 군위 소보면 첨단산단 이전 윤곽」, 국제섬유신문, 2024년 8월 16일. https://www.itnk.co.kr/news/articleView.html?idxno=74232

9장

1. 「원주시 "행정구역 분리·승격 추진"…강원 인구는 감소세」, KBS강원, 2024년 11월 17일. https://www.youtube.com/watch?v=6Gy77SRpvak
2. 「유일한 인구증가 원주..균형발전 과제」, G1방송, 2025년 1월 19일. https://www.g1tv.co.kr/news/?mid=1_207_6&newsid=320428
3. 「원강수 시장의 인구 '통계 착시'」, 원주신문, 2024년 6월 9일. https://www.iwjnews.com/news/articleView.html?idxno=59468
4. 「강원도청사 이전 갈등…춘천시와 강원도 대립 격화」, 시사저널, 2025년 9월 17일. https://www.sisajournal.com/news/articleView.html?idxno=346662
5. 「일제의 도청탈취와 교통대의 충북대 귀속?」, 충청타임즈, 2023년 10월 15일. https://www.cctimes.kr/news/articleView.html?idxno=771165
6. 「10년간 인구 20만명대 유지한 충주, 청년층은 8345명 줄어」, 뉴스1, 2024년 1월 10일. https://www.news1.kr/local/sejong-chungbuk/5285059
7. 「제천시 인구 13만 명대 붕괴…"대학 졸업생 영향"」, KBS 2024년 1월 15일. https://news.kbs.co.kr/news/pc/view/view.do?ncd=7866156

10장

1. 「동해선 개통 맞춰 KTX 삼척 연장 추진」, KBS, 2024년 6월 17일. https://news.kbs.co.kr/news/pc/view/view.do?ncd=7989870
2. 「울진, 서울 직결 열차노선 만들 수 있다」, 일간경북신문, 2024년 12월 18일. http://www.newgbnews.com/news/view.php?idx=359670
3. 「동해선 12월 개통 "울진、영덕 새 철도시대 열린다"」, 경상매일신문, 2024년 8월 25일. http://www.ksmnews.co.kr/news/view.php?idx=498022
4. 「외지인 속초탈출 러시…아파트 가격 폭락」, 헤럴드경제, 2024년 10월 31일. https://biz.heraldcorp.com/article/3836242
5. 「2천4백 년 된 강릉 안인 해안사구가 사라진다」, MBC강원영동, 2024년 7월 31일. https://imnews.imbc.com/replay/2024/nwdesk/article/6622814_36515.html
6. 「검은 파도로 덮인 명사십리…마지막 석탄화력발전소가 죽인 맹방해변」, 경향신문, 2024년 4월 21일. https://www.khan.co.kr/national/national-

general/article/202404211726001

「"와이키키 해변 만든다더니"… 맹방화력발전소에 주민들 울상」, 오마이뉴스, 2025년 8월 27일. https://n.news.naver.com/mnews/article/047/0002485949?sid=102

11장

1 「"화장실 청소가 뭐 그리 대수냐" 얼빠진 잼버리 조직위」, 동아일보, 2025년 4월 10일. https://n.news.naver.com/article/020/0003627476?cds=news_edit

2 「세금 430억 든 '잼버리 건물'…유지비 '연 3억' 쓰며 방치 중」, JTBC, 2025년 6월 30일. https://www.youtube.com/watch?v=7NFwgx2k_-s

3 새만금개발청 웹사이트의 스마트 수변도시 안내. https://www.saemangeum.go.kr/sda/content.do?key=2009074442384

4 「"계약금만 내고 2년간 0원" 파격…국제학교 들어선다는 이곳」, 아시아경제, 2025년 9월 15일. https://www.asiae.co.kr/article/2025091510441476686

5 「박용진 "이낙연, 선 넘었다…국민 상식 깨는 일"」, 전북CBS, 2025년 5월 1일. https://m.nocutnews.co.kr/news/amp/6333530

6 「군산 찾은 이재명 "30년 넘은 새만금 새 공약 무의미…빠르게 정해야"」, 이데일리, 2025년 5월 16일. https://www.edaily.co.kr/News/Read?newsId=04060646642169576&mediaCodeNo=257

7 「완주군의회 '완주·전주 통합 반대' 결의문 채택」, 연합뉴스, 2024년 6월 5일. https://www.yna.co.kr/view/AKR20240605077500055

8 「익산시의회, '전주·익산·완주 메가시티 구상 철회 촉구' 건의안 채택」, 아시아투데이, 2025년 9월 12일. https://www.asiatoday.co.kr/kn/view.php?key=20250912010006974

9 「현 장소로 낙착 – 도청 이전 문제」, 조선일보, 1955년 12월 3일. https://newslibrary.naver.com/viewer/index.naver?articleId=1955120300239104004&editNo=1&printCount=1&publishDate=1955-12-03&officeId=00023&pageNo=4&printNo=10255&publishType=00010

10 「코스트코가 뭐길래…또 입점 논란」, KBS, 2019년 12월 24일. https://news.kbs.co.kr/news/pc/view/view.do?ncd=4349560

11 「호남권 첫 '코스트코' 확정.. "2026년 문 연다"」, 전주MBC, 2024년 5월 8일. https://www.jmbc.co.kr/news/view/42349
「"코스트코 안돼" "제발 와라" 갈등 폭발…익산에 무슨 일이」, 한국경제, 2025년 8월 22일. https://www.hankyung.com/article/2025082267937

12 「오직 전북, 글로컬 중심으로 3. 전주시 경제 활성화 도모할 신도시 개발 재가동」, 전북도민일보, 2025년 1월 9일. https://www.domin.co.kr/news/articleView.html?idxno=1498497

13 「대한방직 터 개발 본궤도에? "문제는 실현가능성"」, 전주MBC, 2025년 1월 1일. https://www.youtube.com/watch?v=8AGoDE4Y4k0

14 「전주 아파트 분양가 평당 3천만원 시대?…옛 대한방직 개발 논란」, 연합뉴스, 2025년 5월 8일. https://www.yna.co.kr/view/AKR20250508131500055

15 「옛 대한방직 부지 개발 사업, 새로운 내용 적고 고분양가 논란은 여전…시공사 선정도 아직 못해」, 전북의소리, 2025년 7월 9일. https://www.jbsori.com/news/articleView.html?idxno=15874

16 「전북 끼워 넣기?…뜬금없는 '서남권 메가시티'」, KBS뉴스, 2023년 12월 11일. https://news.kbs.co.kr/news/pc/view/view.do?ncd=7838887

17 「종로 신영동서 고려시대 추정 건물터 발견」, 매일경제, 2023년 3월 20일. https://www.mk.co.kr/news/culture/10688108

18 「전주 구도심서 후백제 도성 성벽 등 흔적 확인」, 뉴스1, 2014년 10월 29일. https://www.news1.kr/local/jeonbuk/1928977

19 「전주 기자촌 구역 주택재개발용지 내 후백제 추정 왕궁지 발견의 의미」, 새전북신문, 2024년 12월 19일. http://www.sjbnews.com/news/news.php?number=836543

20 「전북특별자치도 고고역사연구자, 후백제 도성벽 보존 촉구 성명서 발표」, 아시아뉴스전북, 2025년 1월 21일. https://www.mjeonbuk.com/news/articleView.html?idxno=100116

21 「'후백제 도성벽' 유적 나온 전주 종광대 2구역 재개발사업 무산」, 뉴스1, 2025년 2월 20일. https://www.news1.kr/local/jeonbuk/5696271

22 「종광대2구역 보상, 전주 정치권이 나서라」, 전북일보, 2025년 3월 17일. https://www.jjan.kr/article/20250317580132

12장

1. 「달빛철도특별법 국회 통과…"영호남 시대 연다"」, KBS, 2024년 1월 25일. https://n.news.naver.com/article/056/0011649837?sid=102
「중소기업 어려움 외면하고, 포퓰리즘엔 한통속인 여야」, 국민일보, 2024년 1월 26일. https://n.news.naver.com/article/005/0001669762?sid=110
「한국 국회의 '국익 뒷전' 보여주는 달빛 철도 사태」, 조선일보, 2024년 1월 26일. https://n.news.naver.com/article/023/0003813143?sid=110
「포퓰리즘 달빛철도법 통과시키고 중처법 유예는 외면한 국회」, 서울경제, 2024년 1월 26일. https://n.news.naver.com/article/011/0004291751?sid=110
2. 「달빛 철도, 단선·일반 철도로 추진…다음달 예타면제 요청」, 연합뉴스, 2024년 5월 14일. https://www.yna.co.kr/view/AKR20240514021500054
3. 「무안군이 놓치고 있는 것」, 남도일보, 2025년 7월 24일. https://www.namdonews.com/news/articleView.html?idxno=827593
4. 「광주 어등산에 2030년 그랜드 스타필드 개장…"호남권 관광거점"」, 연합뉴스, 2023년 12월 22일. https://www.yna.co.kr/view/AKR20231222055500030
5. 「쇼핑~문화 MZ세대 취향 저격 수원 스타필드 26일 공식 오픈」, 기호일보, 2024년 1월 16일. https://www.kihoilbo.co.kr/news/articleView.html?idxno=1067920
6. 「우정혁신도시 안착 언제쯤 - 인구 2년 연속 감소…혁신도시 중 유일」, 경상일보, 2020년 2월 23일. https://www.ksilbo.co.kr/news/articleView.html?idxno=753973
7. 「부산·대구는 빨아들이는데…"울산, 인근 청년부터 잡아라"」, KBS울산, 2024년 10월 22일. https://www.youtube.com/watch?v=tZHGfMJKpak
8. 「'신세계'는 오고 있는가」, 울산일보, 2025년 7월 15일. http://www.ulsanilbo.co.kr/news/articleView.html?idxno=99582
9. 「5·18 기념재단 "광천시민아파트, 원형 보존·활용 결정 환영"」, 연합뉴스, 2025년 3월 27일. https://www.yna.co.kr/view/AKR20250327157500054
10. 「'철거 후 재시공' 화정아이파크 해체 17개월 만에 마무리」, 연합뉴스, 2025년 12월 17일. https://www.yna.co.kr/view/AKR20241217088500054#:~:text=%EA%B4%91%EC%A3%BC%20%ED%99%94%E

C%A0%95%EC%95%84%EC%9D%B4%ED%8C%8C%ED%81%AC%20%EC%B2%A0%EA%B1%B0%20%EC%99%84%EB%A3%8C&text=HDC%ED%98%84%EB%8C%80%EC%82%B0%EC%97%85%EA%B0%9C%EB%B0%9C(%ED%98%84%EC%82%B0,%EC%97%90%20%EC%B0%A9%EC%88%98%ED%95%A0%20%EA%B3%84%ED%9A%8D%EC%9D%B4%EB%8B%A4.

11 「신가동 재개발, 삼성물산 '래미안의 꿈' 끝내 무산」, 남도일보, 2025년 1월 5일. https://www.namdonews.com/news/articleView.html?idxno=804953
12 「멈춰선 광주 신가동 재개발…철거 후 남은 건 공터뿐」, 아시아경제, 2025년 2월 27일. https://www.asiae.co.kr/article/2025022716164217845
13 「챔피언스시티 마저..침체 '늪' 광주 아파트 시장」, kbc, 2025년 9월 21일. https://news.ikbc.co.kr/article/view/kbc202509210033
14 「목포 서산·온금 주택재개발정비사업 재추진」, 목포MBC, 2025년 1월 20일. https://www.mpmbc.co.kr/NewsArticle/1444568
15 「개발의 그늘 '차관주택'.. 반세기 만에 재개발」, 목포MBC, 2025년 2월 9일. https://www.mpmbc.co.kr/NewsArticle/1447211
16 「또 굴착공사…전국으로 확대되는 지반 침하 공포」, jtbc, 2014년 8월 24일. https://news.jtbc.co.kr/article/NB10561478
17 「오룡2지구 입주 앞두고 '입주 포기' 매물 속출」, 무안타임스, 2024년 4월 24일. https://www.muantimes.com/news/articleView.html?idxno=12801
18 「오룡지구 지반침하, 숨어있던 초연약지반 원인」, 무안신안뉴스, 2023년 3월 3일. http://www.msonews.co.kr/news/articleView.html?idxno=12065
19 「부실공사 논란 오룡 힐스테이트 '짜맞춘 안전진단' 실시에 입주민들 '분통'」, 무안타임스, 2024년 5월 9일. https://www.muantimes.com/news/articleView.html?idxno=12889
「무안 신축 아파트 하자보수 논란…소송 이어지나」, 헬로tv뉴스, 2024년 9월 12일. https://news.lghellovision.net/news/articleView.html?idxno=481322
20 「인구 늘어나는 무안군 어디서 이사 오나 봤더니」, 무안신안뉴스, 2025년 9월 4일. http://www.msonews.co.kr/news/articleView.html?idxno=20885

13장

1 「"무안공항의 568배"… 국토부 제주 제2공항 '조류충돌 위험' 축소 의혹 제기」, 국민일보, 2025년 9월 22일. https://www.kmib.co.kr/article/view.asp?arcid=0028728251

2 「제2공항은 군사공항?…군 작전구역 포함」, KBS제주, 2018년 12월 4일. https://news.kbs.co.kr/news/pc/view/view.do?ncd=4087971

3 「바다와 오름을 가르는 거대한 바람개비 '제주 풍력발전단지'」, 대한민국구석구석, 2019년 3월 25일. https://korean.visitkorea.or.kr/detail/rem_detail.do?cotid=c9083dd5-58a4-49af-adc2-4f9ff6795909

4 「고흥의 도약, 미래전략산업과 해상풍력 중심의 지속가능한 비전」, 코리아포스트, 2025년 4월 16일. http://www.koreapost.com/news/articleView.html?idxno=44575

5 「고흥, 울진 신규 국가산단 예타면제 신속 추진」, 국토교통부 보도자료, 2024년 6월 18일.

지명 찾아보기

― ㄱ

강릉 253, 256, 257
강진 132~134
거제 202, 209~211
거창 102, 105, 108, 109, 292
경산 236, 237
고성 253
고양 15, 30~32, 72, 98, 100, 101, 106, 120, 133
고흥 156~159, 161~163, 173, 175, 276
공주 27, 38, 40, 77, 168, 226, 265
과천 22, 155, 165~167, 169, 170
광명 24, 111, 112, 163, 165, 171
광양 103, 202, 210, 212~214
광주 36, 80, 81, 122, 125, 128, 129, 134, 142~145, 185, 189, 220, 268, 269, 273~276, 278~282
괴산 108
구리 116
구미 103, 188, 226, 235, 237, 240, 241, 243, 244

군위 102, 103, 139, 235, 236, 240, 245, 246
군포 163, 165
금산 104, 105, 269
김제 105, 125
김천 122, 128, 203, 204, 237
김포 15, 31~35, 113, 159, 163
김해 261, 266

― ㄴ

남양주 26, 163

― ㄷ

담양 128, 143
당진 94, 97, 122, 176, 180, 181, 183, 198, 199
대구 19, 80, 81, 102, 103, 122, 125, 128, 139, 185, 188, 235~240, 242~246, 273, 274
대전 39, 41, 45, 46, 71, 80, 128, 132, 134~137

— ㅁ

마산 111, 114, 115, 118, 119, 134, 189, 190, 192, 193, 195
목포 79, 134, 204, 269, 282~285
무안 36, 68, 69, 142, 145, 189, 269, 273, 274, 282, 284, 285
밀양 98, 134, 139

— ㅂ

보은 27
봉화 72
부산 17~21, 40, 46, 81, 88, 103, 111, 115, 128, 134, 135, 145, 146, 185~193, 196~202, 227, 246, 276
부안 260, 261
부천 33, 34, 163

— ㅅ

사천 90, 91, 131, 202~204, 208~210
삼성역 25, 154, 159
삼척 102, 132, 133, 253, 256, 257, 288, 290
삼천포 128, 130~132, 203~207
새만금 67, 69, 93, 141, 142, 145, 147, 148, 185, 259, 261, 262, 287
서울 6, 15, 25, 26, 30, 31, 34, 39, 41, 42, 44, 45, 47, 49, 50, 72, 74, 75, 78, 80, 81, 84, 87, 88, 97, 111, 112, 114, 119~122, 125, 132, 138, 153, 154, 156, 159, 160, 163, 165, 167~171, 176, 178, 180, 187, 197, 200~202, 221, 226~228, 230, 232, 248, 253, 256, 270, 271, 281
서산 71, 122, 140, 142, 183
성남 116, 168, 193
성주 57
세종 7, 21, 38~46, 111, 168, 221~232, 269, 282
속초 253~256
송도 26, 88, 147, 149, 171
수원 22, 23, 36, 138, 163, 171, 189, 228, 276
순천 134, 202, 210, 213~215
신안 282, 284

— ㅇ

아산 27, 180~182, 222, 226
안동 245
안산 22, 123~125, 163, 165, 171, 176
안성 232, 233
양양 253, 255
양주 22
양평 27
여수 71, 103, 145, 202, 210, 213
영덕 253, 254, 288, 290
영암 284
영월 54, 55, 96
영주 71
오송 38, 171, 220~223
옥천 18
용인 81~85, 100, 103, 226
울산 196~198, 204, 276~278
울진 132, 163, 253, 288, 290

원주 247~249, 252
위례신도시 34, 121, 134, 136, 167, 168, 171, 231, 259
음성 180, 220~222, 226
의성 139, 235, 236
의왕 163, 165, 166
인천 23, 25, 26, 31~34, 68, 71, 81, 87, 118, 120, 145, 146, 148, 149, 171~173, 197
임실 106, 107

— ㅈ
장흥 132
전주 87, 88, 122, 185, 186, 202, 203, 210, 220, 262~271
제주 69, 104, 141, 142, 287~291, 293
제천 249, 251, 252
증평 106~109, 292
진주 128, 132, 202~204, 208~210
진천 180, 220, 222, 226

— ㅊ
창녕 88, 89
창원 118, 119, 134, 189, 192~195, 197, 202, 209
천안 16, 180~182, 220~222, 226, 233
청도 104

청송 106, 107
청주 27, 38, 39, 45, 100, 101, 138, 139, 142, 180, 217~224, 226, 228, 230, 249, 269
춘천 78, 247, 249, 252
충주 249, 250, 252
칠곡 240, 243, 244

— ㅍ
파주 72, 156, 159~162, 164, 226
평택 37, 84, 103, 123, 124, 126, 171, 176~181, 210
포항 71, 204~207, 226, 227, 256

— ㅎ
하남 34, 163, 165, 168, 276
하동 103, 210, 212
함양 131
함평 125
해남 132
홍성 126
홍천 27, 92
화성 16, 36, 37, 85, 86, 93~95, 114, 117, 123, 125, 127, 138, 163, 171, 172, 179~182, 189, 220, 228
화천 99, 103

한국 도시 2026

발행일	2025년 12월 10일 초판 1쇄
	2026년 1월 15일 초판 3쇄

지은이	김시덕
발행인	홍예빈
발행처	주식회사 열린책들

경기도 파주시 문발로 253 파주출판도시
전화 031-955-4000 팩스 031-955-4004
홈페이지 www.openbooks.co.kr 이메일 humanity@openbooks.co.kr

Copyright (C) 김시덕, 2025, *Printed in Korea.*
ISBN 978-89-329-2551-6 03300